樫村　道子・画

武庫川渓谷廃線跡
ハイキングガイド

歩いて学ぶ　トンネル・鉄橋・自然

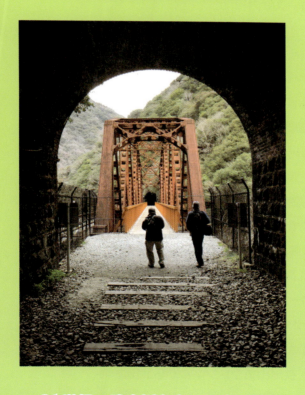

21世紀の武庫川を考える会・編

日本機関紙出版センター

目　次

はじめに..8
武庫川渓谷廃線跡ハイキングコース全図.................10

第1章　武庫川渓谷廃線跡ハイキングコースガイド...11

① 生瀬駅から高座岩...12
コース案内..12
米ケ淵..15
漆ヶ淵..15
リバーサイド住宅と2004年の大水害.........................16
高座岩..17
コラム 雨乞い..17
宿場町生瀬..18
生瀬駅名産・鮎寿し弁当...19
コラム 幻の「鮎寿し」弁当.......................................19
浄橋寺―街道と水運の要衝.......................................20
武庫川の鮎漁..21

② 高座岩から長尾山第1トンネル...............................23
コース案内..24
十次郎ヶ淵..26
溝滝..27

③ 長尾山第1トンネルから武田尾駅............................28
コース案内..28
武田尾温泉..30
武庫川水管橋..32
武田尾温泉と水害..32

コラム 武田尾温泉と元湯旅館	33
桜の園（旧亦楽山荘）案内図	35
「櫻守の会」と桜の園	36
ダムに沈んだ小さな村…千苅ダムと神戸水道	37
コラム 亦楽山荘との出会い…茂木恵	37
波豆村の陳情	41
コラム 与三郎さんの手記	42
④ 西宮名塩駅からハイキング道へ	**43**
コース案内	**43**
⑤西宮名塩駅から名塩の街並みへ	**45**
コース案内	**45**
和紙の里　名塩	46
コラム 東山弥右衛門	47
名塩蘭学塾跡	48

第2章　武庫川渓谷廃線跡の歴史　49

武庫川渓谷廃線跡とは…阪鶴(はんかく)鉄道から国鉄福知山線へ	50
武庫川渓谷廃線跡トンネル群	52
トンネルの長さと工法	53
コラム 鉄道区間の距離	53
レンガ造りの第7号トンネル	55
レールと枕木と機関車	56
コラム 時刻表と乗客数と貨物	56
コラム 50ｍの巻尺で実測	57
「阪鶴鉄道唱歌」に詠われた武庫川渓谷	58
生瀬から武田尾…『西部鉄道管理局線　名所図会』	60
コラム 鉄道唱歌と童謡	61

鉄道工事に携わった人々...62
　トンネルのレンガは地元で造られた？.................................63
　トンネル工事と朝鮮人..64
　阪鶴鉄道と軍隊...65
　コラム 従軍日誌　出征風景..66

第3章　文学と武庫川・亦楽山荘.................................67

　『万葉集』にみる武庫川...68
　中世文学にみる武庫川..69
　島崎藤村『山陰土産』の武庫川渓谷..................................71
　笹部新太郎が精魂傾けた亦楽山荘.....................................72
　笹部新太郎を魅了した山と渓谷.......................................75
　水上勉『櫻守』ゆかりの鉱泉旅館―マルキ旅館と橋本樓.....76
　笹部新太郎と元湯旅館..79
　コラム 鮎子さ走る武庫川..81
　山崎豊子『晴着』の巌窟風呂..83
　コラム 武田尾のサル騒動..84
　有川浩『阪急電車』とオブジェ「生」...............................87
　コラム 与謝野晶子の歌碑..87

第4章　武庫川渓谷の生い立ちと周辺の地質...............89

　武庫川の流域の不思議..90
　武庫川と篠山川の争奪の舞台..90
　北摂山地の地質...91
　7000万年前の火山活動の産物..92
　花こう岩と流紋岩..93

カルデラ湖に堆積した地層......93
　　火砕流堆積物......93
　　武庫川は北摂山地の先行河川......94
　　六甲変動と北摂山地の隆起......95
　　地震は変動のひとコマ......96

第5章　武庫川渓谷の自然と景観を守る運動......97
　　ハイキング道は子どもたちの「宝物」がいっぱい......98
　　武庫川渓谷と水害......102

資料編......105
　阪鶴鉄道敷設年表......106
　武庫川流域の災害の歴史（昭和年代）......106
　『亦楽山荘記録』に見る大水害の記録......107
　　（1）新温泉橋の建設
　　（2）1938年の阪神大水害
　　（3）阿久根台風被害
　楽譜......120
　　（1）阪鶴鉄道唱歌1
　　（2）阪鶴鉄道唱歌2
　　（3）合唱組曲「武庫川」
　千苅ダムに沈んだ村の絵......123
　参考文献......125

終わりに〜先人たちをこえて......129

はじめに

　武庫川渓谷を走っていたＪＲ福知山線生瀬駅―武田尾駅間が、福知山線の複線電化、新トンネル建設にともなって、1986年に廃線となりました。

　そこで、この廃線敷きと武庫川渓谷をどう活かすかが課題となりました。ＪＲ西日本は、「立ち入り禁止」の看板を立てましたが、渓谷美と豊かな自然、そしてトンネル・鉄橋などの鉄道遺構の魅力にひかれて多くの市民がハイキング道として利用しました。

　ところが1990年代後半に入り兵庫県により武庫川ダム計画が提起されました。これに対して「武庫川渓谷の豊かな自然を守れ」、「治水の有効性のない巨大なダムは不要」と、地元住民、山の会の人たち、自然保護団体など多くの県民の声があがりました。私たち「21世紀の武庫川を考える会」もこの運動の中で「ダムに頼らない総合治水を」を掲げて1999年末に誕生しました。

　世論の高まりの中で、「今後20年間はダムに頼らない総合治水をすすめる『武庫川流域河川整備計画』」が策定されました（2011年）。ダムに頼らない総合治水の武庫川づくりにむけて動くことになりました。

　そこで、この武庫川渓谷を活かすために「武庫川円卓会議*」は、武庫川渓谷廃線跡ハイキング道の「開放」に向けて運動をはじめました。まず、2012年に渓谷廃線跡ハイキング道の訪問者調査を行ないました。その結果年間64,180人の訪問者があったことが明らかになりました。また、廃線跡の歴史的・文化的価値の調査を行ないま

「21世紀の武庫川を考える会」主催の武庫川ウォッチング
（北山第１トンネル前）

した。トンネル工事の歴史を調べ、開通当時つくられた鉄道唱歌も掘り起こされました。

　2013年には訪問者の「安全意識調査」を行ないました。2014年には、武庫川渓谷廃線跡ハイキング道全域の安全対策箇所調査を行ないました。このような調査結果の資料をＪＲや関係自治体に送りました。また、ＪＲ西日本や自治体関係者と懇談をし、旧福知山線廃線敷きのハイキング道としての「一般開放」を求めてきました。

　さらに、私たちの調査やたくさんの専門家・市民の知恵を借りて2015年にリーフレット「武庫川渓谷廃線跡ハイキング道案内」を作成しました。文字通りみなさんと共に作ったリーフレットでした。これによってハイキング道の魅力を近隣市民に広く宣伝することになりました。

　このような様々な運動や市民のみなさんの声によって、今回の西宮市の一般開放があったのでしょう。また将来的にはこのハイキング道を「瀬戸内海国立公園」に組み込んでほしいと考えています。これを契機に、自然環境の保全と安心安全、市民のための武庫川づくりに一層励んでいこうと考えています。

* 武庫川ダム計画に対して見直しを求めて運動をしていた"21世紀の武庫川を考える会""兵庫労山""武庫川を愛する会"の三つの団体と個人で構成。2001年に発足。武庫川渓谷の自然と景観を守り、ダムに頼らない総合治水をすすめる運動と交流をしてきた。

廃線跡ハイキング道（左）と新しく整備されたどん尻川の木橋（右）

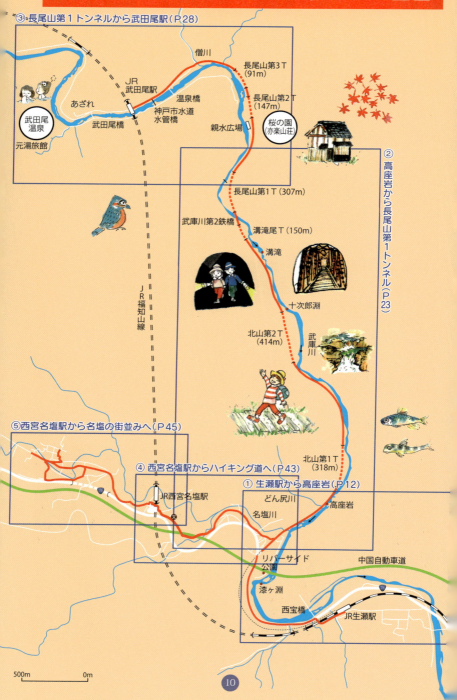

第1章
武庫川渓谷廃線跡 ハイキングコースガイド

コース案内

　この廃線ハイキングに訪れる人の多くが生瀬駅から武田尾駅をめざしますが、残念ながら駅出口付近に案内板などはありません。武田尾駅までは簡易トイレが1箇所あるだけなので出発前に駅トイレを利用しておきましょう。なお、たくさんの真っ暗なトンネルを歩くので懐中電灯は必携です。

生瀬駅を出てまず現在の福知山線沿いに歩く

　駅を右に出て歩道を右側の福知山線に沿って歩いて行きます。現在の線路の右側に廃線が並行しています。道路の反対側にコープこうべがあるので、必要なものを購入しておくといいでしょう。約200mほど

手前が廃線跡の橋脚だ

歩き線路のガード下を右に曲ると西宝橋の交差点に出ます。横断歩道を左に渡り、国道176号線の左側の歩道を歩くと左手に廃線と新線のコンクリートの短い橋脚が並んで見えます。やがて太多田橋という有馬街道との三叉路に来ますが左手を振り返ると川向うの山裾にコンクリートで塗り固められた楕円形の構造物が見えます。廃線のトンネルを塞いだ姿です。これが城山（2号）トンネル（62.7ｍ）です。川と道路を隔てた右側に当田（3号）トンネル（208.5ｍ）があります。しかし、柵がされて中に入ることはできません。武庫川のこの辺りを米ヶ淵といいます。

上の白く丸い部分が覆われたトンネル跡

国道176号線沿いの細い歩道を進む

しばらくは人一人が歩けるほどの歩道を進んでいくことになります。道路は大型車をはじめ途絶えることなく車が走っているので気をつけましょう。ゆっくりと大きく右にカーブした歩道を歩きながらいくと左手上方にマンションが見えてきます。ここのマンションの左側に当田トンネルの出口があるのですが、藪に覆われていて確認することができません。

西宮名塩駅からの道が合流する

やがて目前に中国自動車道の巨大な高架が現れ、高架下を過ぎて現れた横断歩道を渡り、国道から分かれた道を進んでいきます。すぐに大きくUターンした脇道に入り下っていくと簡易トイレがあり、ここからが実際の廃線ハイキングの始まりとなります。

ここから廃線跡ハイキングが始まる

坂道を下って廃線跡をしばらく進んでいくと左手からコンクリー

トの短い階段のある小さな坂道が合流してきます。これを登っていくと名塩駅につながっています。歩行者以外進入禁止の柵の脇にはＪＲ西日本が「ハイキングについての注意書き」の看板を設置していますので、確認しておきましょう。

整備された新しい木橋

道はずっと平坦ですが途中から枕木の道になるので足元には注意しながら歩いていきます。最初に現れた木製の橋が名塩川が武庫川に流れ込む場所の橋です。枕木で作られたベンチも設置されていますがその数は少ないので、休憩用のシートなどは必需品です。

どん尻川鉄橋を過ぎると見えてくる高座岩

川の景色に渓谷感が増してくるころ、ハイキング道は枕木がそのまま残っている状態に変わってきます。二つ目の橋が現れました。下を流れる川がどん尻川で、武庫川に合流しています。道沿いにはかつて線路だったことを示す様々なものが今も残っているので、それを確認するのも楽しいでしょう。どん尻川を渡ってしばらく進むと川の中に立方体の形をした強大な岩が見えてきます。これが武庫川渓谷最大の岩となる高座岩です。

・・・

※寄り道コース

中国自動車道の高架の手前で国道の右下に降りる坂道があるので道路を横断しますが、道路の横断にはくれぐれも車に気をつけます。坂道を下るとちょうど高架下一帯に住宅跡が広がっているのが見えます。かつてリバーサイド住宅と呼ばれていた地域が洪水に襲われた跡です。対岸は漆ヶ淵という武庫川の大きな淵がある場所です。地元の人た

中国自動車道下のリバーサイド住宅跡

ちがゲートボールを楽しむ今も残っている公園（リバーサイド公園）前を過ぎ住宅跡を抜けていき、川の防水壁に沿って歩くと小高い場所に兵庫県が造った「武庫川峡谷の植物」のビオトープが見えてきます。その手前の畑の小道を左に登っていくと本来のハイキング道に出られます。

・・

米ケ淵

　米ヶ淵は太多田川と武庫川が合流する少し上流にある淵です。江戸時代、三田や丹波の農民たちは牛や馬の背に米俵を載せて、丹波街道を通り大阪の問屋に向いました。

米ヶ淵から見た武庫川

　その道中の休憩の座興として、この淵に1文銭を投入れてその日の米の相場を占ったそうです。川底に沈んだ銭の表か裏かで一喜一憂しましたので「銭ヶ淵」とも呼んだそうです。それほど武庫川の流れが澄み切っていたことがうかがえます。左岸対岸の青葉台は1967年に分譲が始まりました。それまでは1本のロープを頼りに筏やボートで行き来していました。

漆ヶ淵

　リバーサイド住宅の下流で、川の流れが鋭角に曲がっているために出来た淵です。青葉台側（左岸）の崖に、漆の老木があったことからこの名が付いたといわれています。老木は中国自動車道の工事によって伐採されて今は残っていま

大きな渦を巻く漆ヶ淵

せん。

　この淵は常に泡だった水面の底に、深く大きな岩窟があって渦を巻いていました。この渦に巻き込まれると、岩のくぼみに閉じ込められて浮上できない危険なところでした。一時期、水難者が多いため水泳禁止になっていました。現在の淵は、土砂に埋もれて浅くなり往時の面影はありません。

リバーサイド住宅と2004年の大水害

リバーサイド住宅跡と継ぎ足された堤防

　リバーサイド住宅周辺は、かつて阪神間での格好のキャンプ地でした。松林があり、幾張りものテントが立ち並ぶこともありました。

　そこが分譲住宅地として開発され、1970年代初めに売りに出されました。しかし、北側で名塩川が合流し、南側は川幅が狭くなり、東に大きく曲がる位置にあるため、1983年の台風10号で多くが床上浸水するなど、住民は水害に悩まされてきました。

　大きな被害をうけたリバーサイド住民は知事や市長への陳情署名や現地土木事務所長への要請行動を行ないました（1991年10月）。その結果、県によるリバーサイドの治水対策工事が行なわれることになりました。堤防が造られたのがその工事の跡です。

　しかし、2004年10月20日の台風23号では、濁流が約1.7mのコンクリートの堤防壁を乗越え、79戸が床上浸水し、一時、住民118人が公民館などに避難しました。県は川幅を広げ、堤防をさらに高くし、45戸に立ち退いてもらい、残る36戸の土地を嵩上げする案を住民に提案しました。現在、1戸のみ生活を続けていてかつての住宅地は雑草が生い茂る荒地となっています。

高座岩

　名塩川に架かる橋を越え、どん尻川の鉄橋を越えると大きな高座岩が見えてきます。「上面7・8間、高さ4・5間、ほぼ方形をなせる大岩石」(『有馬郡誌』)と記述されています。

高座岩は渓谷最大の岩

＊ 1間＝約182cm　7・8間＝13m～14m
　 4・5間＝7m～9m

　この岩は、名塩などの村々の雨乞いの場になっていたと言われます。民話などによると「高座岩は乙姫様の遊び場で、岩の下が竜宮に通じていました。岩面を汚すと、それを清めるために乙姫さまが雨を降らせる」と信じられていたようです。名塩の百姓たちは、四つ目(目の周りの斑点でそのように見える)の黒犬の血を岩に塗りつけて、雨乞いの踊りをしたと言われています。下流の小浜や昆陽(こや)の百姓たちは白馬の血を塗りつけたと言われています。

　高座岩がある少し上流にダムを造る計画がありましたが、2011年、ダム計画は中止になり、総合治水によ

雨乞い

　旱魃(かんばつ)の日が続くと村内から選ばれた代参者が、琵琶湖の竹生島へ願掛け参りに行きました。竹生島明神の宮水を竹筒に授かり、村の広場で雨乞い踊りをしました。

　「雨乞いや、雨乞いや、今夜、雨乞いでっせ」と触れて回りました。夜は篝火(かがりび)のもとで、仮面を付けたり、仮装した百姓たちが太鼓を打ち鳴らして舞い踊りました。

る計画が進められています。

宿場町生瀬

　古くから生瀬の地は武庫川渡渉の要地であり、摂津平野より有馬温泉へ、また遠く播州路・丹波路に通じる唯一の要路でした。江戸時代は宿駅として幕府の御用はもちろん一般諸荷物の運送に従事し、街道沿いに旅宿や店舗が軒を連ね、宿場を形づくっていました。それらの家々では、田畑を耕したり山仕事をしながら、御伝馬役（てんまやく）・人足役・駕籠持ちのような、荷物や人の輸送に携わっていました。しかし、宿場として繁栄を極めた生瀬も、明治維新後、宿場の使命を失い、次第に衰微の一途を辿っていきました。

生瀬の街並み

有馬温泉の源泉

　そんな時に阪鶴鉄道（はんかく）の工事が始まり、1898（明治31）年に宝塚・生瀬間が開通し、生瀬を有馬口駅と称しました。摂津平野から「舟坂」を経て有馬温泉に通ずる唯一の要路であったからです。

　阪鶴鉄道の開通によって生瀬の街は少し活気付いてきました。有馬温泉への入湯客が増加し、その全部がこの駅で下車したのです。1900（明治33）年の生瀬駅の乗降客は年間42,145人。一日平均115人、休日などには1,000人を超える旅客が乗降したのです。

太多田川と国道176号線の分岐にある道標

　有馬温泉への客は人力車または駕籠によって2里余りの有馬街道

を往復しました。有馬口駅前には人力車が約30台、駕籠も10数台準備してあり、茶店・飲食店等もあって、ここだけは往時の宿場を思わせる賑やかさであったといいます。

　1899（明治32）年1月25日生瀬〜三田間が開通し、有馬口駅は生瀬駅と改称されました。この年の7月には全線の工事が完了。神崎（尼崎）〜福知山間の直通列車が走るようになりました。

生瀬駅名産・鮎寿し弁当

　生瀬駅は山裾につくられ、プラットホームからは武庫川の清流を眺めることができました。南側の山には木々が鬱蒼と茂り、自然の豊かさを醸しだすのどかな駅でした。大正時代の中頃（1920年）までは蒸気機関車の給水・給炭場として、各列車とも5分間停車しました。この時間を利用して武庫川名産「鮎寿し弁当」の販売が行なわれたのです。

ＪＲ園部駅淡路屋の鮎寿し弁当

幻の「鮎寿し」弁当

　駅弁としての「鮎寿し」弁当の先駆けは山北駅（1897年）、次に岐阜駅（1904年）で創られました。岐阜の鮎寿しは徳川将軍家に献上されていました。尾張藩はその威信にかけて鮎の捕獲から搬送に至るまでを厳しく管理し、美濃の鮎寿しは「天下一の逸品」と言われました。この鮎は「鵜鮎（鵜飼で獲れた鮎）」を使うという規定があったため、尾張藩は鵜飼を保護し、鵜匠たちに少なからぬ特権を与えていました。しかし、明治時代になり名声こそ残りましたが、地元文化の表舞台から消えていきました。1904（明治37）年、岐阜駅長の要請を受け、「鮎の姿寿し」の駅弁が考案されました。「淡路屋」の秀次郎が創作した「鮎寿し」弁当のモデルになったのではないかと考えられます。

　園部の「淡路屋」は販売商品を昔とほとんど変えず、「鮎寿し」を駅弁大会に年1回だけ出品し、「幻の駅弁」として絶賛されています。

「駅弁の淡路屋」が阪鶴鉄道の構内営業が認められたのは1903（明治36）年、翌年に池田駅構内に、食堂を開設。尼崎〜生瀬間で列車内飲食物の販売を開始しました。翌々年には有馬温泉の玄関口として賑わっていた生瀬駅に移って、弁当・寿し・菓子の販売をするようになったのです。

　明治末期から大正初期にかけて、鉄道網は全国に整備され、駅弁は鉄道の旅に欠かせないものとなっていきました。その中で「ご当地弁当」が各地で作られるようになりました。「淡路屋」は「鮎寿し弁当」を考案し、生瀬駅と山陰本線園部駅に開設した支店でも発売をしました。1911（明治44）年のことです。

　大正初期の上等弁当の価格は30銭、生瀬駅「淡路屋」の「鮎寿し弁当」の値段は30銭でした。当時（1916年）、宝塚鉱泉合資会社の男子の日給（10時間）は60銭、女子は30銭。1912（明治45）年に開業したルナパークの入場料30銭、宝塚大劇場指定席30銭でした。女性の1日の賃金に相当する値段であったのです。

　それでも、武庫川でとれた鮎を姿造りの押し寿司にし、魚の形にした折に詰め、駅弁として生瀬駅で販売した「武庫川鮎寿し弁当」は飛ぶように売れたのです。この「鮎寿し」は評判もよく、関西中に知れわたり、売れゆきを伸ばしていったのです。

浄橋寺──街道と水運の要衝

　生瀬駅から徒歩5分、生瀬小学校のすぐ北側に、浄土宗西山派の十方山浄橋寺があります。寺号は西山国師・証空が武庫川に「浄橋」と名付けた橋をかけ、有馬に向かう旅人に橋銭を課したことに由来すると伝えられています。

浄橋寺山門

それで橋寺とも称されているのです。寺は仁治2（1241）年、証空

によって橋の西岸に建立したと伝えられ、その後火災や戦乱で何度も焼失しました。

　本尊の木造阿弥陀如来・観音菩薩・勢至(せいし)菩薩の三尊像は、檜の寄木造りで、鎌倉時代前期頃の作と推定されています。これらは願主証空の寛元2（1244）年の銘がある銅鐘と共に、国の重要文化財に指定されています。

　吉井良尚は「武庫川と高瀬舟」（『上方』第127号、1941年7月）と題する小文で、高瀬舟の運送代を記した刷り物（江戸時代末期、浄橋寺所蔵）を紹介しています。上りは一般の荷は1駄（牛や馬に荷をおわせる）につき、蓬(よも)川（大庄村道意新田東端。現、尼崎市）より小浜(こはま)（現、宝塚市）まで900文、蓬川より髭(ひげ)の渡し（西国街道の渡し場〔報徳学園のところ〕）まで500文、大阪より蓬川まで300文。下りは生瀬より蓬川まで1,100文、小浜より蓬川まで800文、生瀬より西新田（大庄村）まで1,000文と記されています。大阪荷物受取次所は浪花橋南詰めの名塩屋常七とあり、武庫川水運を介した名塩と大阪との結び付きを物語っています。

武庫川の鮎漁

　武庫川の鮎漁は、他の日本の河川と同じく往古から行なわれていました。

　有馬案内記『迎湯有馬名所鑑』によると、「溝滝は男滝と女滝の二箇所あり、鯉と鮎が多く昇る。若鮎の時は、里人がすくい獲っ

武庫川のアユ調査（下流域で投網で捕獲）

て湯山に売りに行くのである」とあり、獲れた鮎は有馬で売られたと書かれています。名塩の藤田源左衛門は「高坐岩の川上に溝滝の名所がある。巌面を水が曲がりくねり、勢いよく流れていく景観はすばらしい。両岸の渓谷の風景は言語を絶している。滝淵の周りはおおよそ15、6間あり、淵の底は余りにも深く、計ることもできない。…中略

…初夏から中秋に至るまで、里の人々はこの滝で飛鮎を汲むのである。その風情は播州竜野の鮎汲みより勝り、その風雅は奥深いものである」(1775年)と書いています。武庫川渓谷の溝滝は古来から鮎や鰻、鯉の漁場として有名だったのです。そして初夏から盛夏にかけて、鮎や鰻の幼魚の群れがこの淵より急流をついて遡ったのです。

　また、1889(明治22)年の『兵庫県漁業慣行録　巻三』に「摂津の国有馬郡・武庫川」として、名塩村と生瀬村の様子が記載されています。これによると、「鮎は3、4月頃に2、3寸となる。これを飛鮎と云う。5月頃より掛け鮎と唱へ5、6寸となり、8月よりは、降り鮎と称し7、8寸に至り、その味最も美味なり。」「鮎漁期は例年3月中旬より9月下旬。曇天で風がない日がよい。鮎が群来する時は河水が暴漲した後である。これを回り鮎と唱え、鮎が来ること甚だ多い。」と記され、武庫川に多くの鮎がいたことが分かります。

　漁法は玉網と掛け釣りで行なわれていました。玉網とは3月中旬より5、6月頃までは小滝の所に、小石または柴を利用して水を堰き止め、水量を弱くし、その下に玉網を架けて鮎を取る方法です。

　鮎玉網漁者が名塩村には10軒、生瀬村には1軒。鮎掛釣漁者は名塩村には10軒、生瀬村には5軒ありました。漁業は皆、農間の余業でしたが、名塩村の1886(明治19)年頃の漁獲は鮎1万尾、鯉150尾、雑魚は5万尾。生瀬村は鮎4千尾、鯉50尾、雑魚は1万5千尾でありました。

　このように、1949(昭和24)年頃までは、漁獲量こそ減少していたものの、武庫川では溝滝を中心に下流一帯にわたり、玉網や掛釣りによる鮎漁が行なわれていたのです。

溝滝尾トンネル入口前の武庫川渓流

② 高座岩から長尾山第1トンネル

コース案内

　高座岩を過ぎて反対側の河岸に目を向けると、岸壁に錆びついた鉄骨らしきものが見えます。かつてここにダム建設の計画が持ち上がり、その地質調査のために作られた施設の名残です。ダム計画は50年以上前に「利水」目的で起案されましたが、関係各自治体から「水はいらない」との声があったため建設目的が「治水」に変更され、さらに「レクレーション多目的ダム」に変更されました。その後、希少生物種や環境破壊につながるという住民の建設反対の声が広がり、現在はダムに頼らない総合治水をすすめることになっています。

ダム計画の地質調査の跡

　さてこれからいよいよこの廃線ハイキングの醍醐味とも言えるトンネルと鉄橋のエリアになります。まず目の前に現れるのが北山第1トンネル（新第4号トンネル）。トンネルの手前で川側を見るとフェンスで塞がれている箇所があります。トンネルができる前までこの先へ岸壁ギリギリに線路が通っていたのです。川底を見ると岸壁の一部が崩壊しているのが見えます。トンネル入り口の右壁に「北山4—1」「新」と書かれています。これは新トンネル、4号の1を意味します。トンネルは入り口部分が石積みで、アーチの部分、側壁部分はコンクリートで作られています。

北山第1トンネルとフェンス

トンネル入り口に書かれてある文字

　では中に入っていきましょう。しばらく

入り口近くのトンネル内

は入り口から差し込む光で足元の確認はできますが、やがて真っ暗になりますので明かりを点け歩きましょう。途中、側壁部分に人一人が入れる避難場所が穿ってあるのも確認できます。トンネルを出て振り返ると、入り口と同じようにフェンスで塞がれた場所があり、ここに線路が繋がっていたことがわかります。

トンネル内の退避壕

　廃線跡にはさまざまなものが残っていますが、レールで作られた落石防止鉄柵もその一つです。鉄柵の支柱となっているそのレールを見ると「CARNEGIE」「1896」「HANKAKU」と刻印されています。1896年(明治29)にアメリカのカーネギー社から輸入されたものだという証です。やがて北山第2トンネルが見えてきますが、この辺りになると枕木がしっかりと残っています。

「カーネギー」と刻印された支柱

継ぎ足されたトンネル

　北山第2トンネルは414mの長さで、生瀬・武田尾間では最長のトンネルです。中に入り上を見ると、レンガ作りの入り口がさらに落石のためにコンクリートで継ぎ足されていることが確認できます。線路の敷石と枕木が整然と残っているので足元に気をつけながら歩きましょう。中はカーブしているので、光はまったく届きませんし、しばらく出口も見え

トンネル内の枕木

溝滝

てこない漆黒の闇が続きます。ようやくトンネルを出た辺りの武庫川の淵が十次郎ヶ淵です。その先は更に渓谷が深くなり、四季折々の景色が楽しめるエリアになります。トンネルではありませんが、

山からの流水を川に落とすための天井溝をくぐりしばらく進むと、川が岩の間を滝のようになって流れているところがあります。溝滝という場所で、女滝と男滝の二つでそう呼ばれています。

トンネルを出ると…

　続いて三つ目のトンネルが見えてきます。溝滝尾トンネルです。その手前に金属ネットで包まれた三段の石積みがあるのでそこで休憩をするのもいいでしょう。溝滝尾トンネルの出口付近から正面を見ると馬蹄形の昼の明かりの中にオレンジ色の鉄橋がくっきりと見えます。とても印象的な眺めでこれが武庫川第２鉄橋です。トンネルの出口が切り立った崖ですぐに鉄橋になっているので、建設時の苦労が想像されます。この鉄橋を渡ることも

武庫川第２鉄橋

醍醐味の一つでしょう。鉄橋を渡るとすぐに長尾山第１トンネルです。中に枕木は残っていませんが油断せずに歩きましょう。

十次郎ヶ淵

　北山第２トンネルの出口付近に広がる淵をいいます。

　名塩の教行寺(きょうぎょうじ)本堂建設のため、丹波地方で切り出された用材を、武庫川の水流を利用して運んでいました。ところが、とりわけ大きな良材が淵に沈んでしまいました。何とか浮上させようと色々な方法を試みましたが上手くいきませんでした。そこで、東山十次郎という老人が

「これは川底へ入って外すしかない。命がけの仕事だから老い先短いわしがやろう」と言って水中に潜り、見事大木を浮かび上がらせました。しかし、自らは川底深く沈んだまま帰らずの人になりました。人びとはその死を悼み、この淵を十次郎ヶ淵と呼ぶようになりました。

淵の崖に十次郎を弔った地蔵が祀られていましたが、水害で流失してしまいました。淵には鯰が多く生息していることから鯰ヶ淵ともいいます。

溝滝

北山第2トンネルを抜けると、武庫川渓谷は一層深くなり、雨後には川底から濁流の轟音が聞こえてきます。溝滝が眼下に見えます。カヤックでこの激流をどう下るか、思案する様子を見ることがあります。

女滝（上）男滝（下）

『塩渓風土略記』（『名塩史』からの引用）には、「高さ14ｍほどの男滝と女滝があり、滝の底は計り難し」また、「この滝に鯉や鮎が遡上してくるのを里人がすくい、湯山（有馬温泉）へ売りに出した」とも記述しています。播州滝野の鮎とならぶ風物詩としてひろく知られていたとも伝えられています。

名塩八景（1775年に記述）の1つでもあり、次のように詠まれています。

　　　　清滝飛鮎　飛び鮎を　絹に織り込む　滝の糸

＊「名塩八景八句」は藤田源左衛門（紙漉き家の旦那で庄屋も務めた）が近江八景になぞらえて発句。

「溝滝」は「清滝」とも呼ばれ、旧武田尾駅の構内に掲示されていた沿線見取り図には「清滝尾」トンネルと表記されています。

③ 長尾山第1トンネルから武田尾駅

コース案内

　長尾山第1トンネルを抜けると、それまでとは景色が一変、視界が大きく広がります。武庫川は左手を流れ、正面には春になると桜色に染まる「桜の園」(旧亦楽山荘)を中心にした美しい山並みが見えてきます。トンネルを出て川側後方を

急に視界が広がる

振り返ると緑色の大きな水道管が川を横切っています。これは武田尾のさらに奥の千苅ダムから神戸市域に引かれている導水管ですが、その建設工事については後述します。

　枕木が地面よりかなり高めに露出している道を歩いていると、数

個の岩が枕木上に並んでいる場所があります。どういう理由でまるで置かれたかのような状態になったのかわかりませんが、洪水で流されてきたのか、たまたまそこに落石があったのか不思議な光景です。

神戸市の水道導水管

　やがてハイキング道は「桜の園」の入り口前に広がる親水広場前を通りますので、ここでの休憩もおすすめです。現在、生瀬、武田尾間で唯一武庫川に直接触れることのできる場所です。親水広場の山側一帯が「桜の園」で、シーズンになると多種多様のサクラが咲き誇ります。ぜひその時期に訪れるのもいいでしょう。園内は急な山道になっていますので足元には気をつけてください。

枕木上に並んだ？石

　さて「桜の園」を過ぎ小さな川を渡ると長尾山第2トンネルです。大きな岩をくり抜いて造られた短いトンネルです。廃線跡のトンネルでこのトンネルだけが側壁部もアーチ部分もレンガ積みになってるのが特徴です。そしていよいよ生瀬駅、武田尾駅間の最後のトンネルが長尾山第3トンネルです。一番短いトンネルで、抜けると目の前に武田尾地域が見えてきます。かつては小さな商店街がありましたが、2014年の洪水で大きな被害を受け、現在かさ上げ工事が行われています。武田尾駅までもうすぐです。

親水広場から川岸に降りる

　駅の手前に「歓迎　武田尾温泉」と書

長尾山第2トンネル

武田尾温泉入り口の橋

かれたアーチ型の看板が橋の前にありますが、かつて栄えていた武田尾温泉は、度重なる水害に襲われ今では、橋を渡った川の上流に1軒、その対岸に1軒とわずか2軒の温泉宿しか残っていません。

JR武田尾駅を仰ぎ見る

橋を過ぎると目の前に鉄橋が見えます。これが現在の福知山線ですが、電車は橋の上に2両ほどはみ出して止まります。橋の上に止まるので不思議な光景ですが、駅ホームが橋の上まではみ出ているのです。そして隠れた部分はトンネルの中のホームとなってるという珍しい駅

ハイキングの終わりを足湯で癒やす

が武田尾駅です。なお、駅から少し「別邸あざれ」方面に足を伸ばすと足湯があるので疲れた足を癒やしましょう。

武田尾温泉

　湯舟より　外を見やれば　岩がけの　紅葉美し　武田尾の谷

忠勝　（小原庄之助『北摂三湯之旅』）

　武田尾温泉は寛永18（1641）年に名塩村の武田尾直蔵が薪を取りに行って発見したと伝えられています。『有馬郡誌（上）』には「諸病に試みるに霊験顕著なり。遠近(おちこち)伝え聞きて、湯治に来るもの常に絶えず。夏の納涼は言うに及ばず、雪月花の風景絶佳なるを以って、四時遊覧に適し、鮎狩・茸狩は無二の適地、河鹿・杜鵑(ほととぎす)は都人士の珍喜する所なり。明治30年までは、唯、

武田尾温泉元湯旅館入り口

一軒の茅屋あるのみなりしが、山陰線（阪鶴鉄道…筆者注）開通いらい、頓に栄え、旅館軒を並べ、各々内湯の設備をなし客を迎う。」と記述されています。

武田尾温泉（2013年撮影）

1887（明治20）年車源治郎さんが元湯旅館を建て、近代武田尾温泉を開きました。「武田尾の元祖にして銀瀧水を汲んで温泉浴場とす」（『摂北温泉誌』）。しかし、西谷村（現、宝塚市）とはその峡谷の丘陵によってほとんど往来はありませんでした。また、名塩とも丘陵がその間の交通を大きく妨げていて、全く外部から隔離された峡谷のわびしい温泉場でした。こうした僻地であったことから入湯者もほとんどありませんでした。

1899（明治32）年阪鶴鉄道が開通し、武田尾駅が設置されると、武庫川にコンクリートの橋が架けられ、交通は著しく便利になり、大阪をはじめ各地から入湯客が増加し、近代的な旅館が建てられました。1914（大正3）年ごろには、元湯旅館、萬留喜樓、蘆乃家、千歳館、鶴舞樓等があり、右岸に連なっていました。左岸には紅葉樓（現、あざれ）がありました。

泉質は炭酸アルカリ泉であり、含食塩硫黄泉で、効能は、神経痛・リューマチス・胃腸病に効くと言われています。

南画にみるような険しい絶壁が至るところにそびえ、その下を流れる武庫川には奇岩怪石が散在しています。春は桜、カジカの声とともに夏が来て、秋は紅葉の木々が峡谷一面をおおいます。四季折々に彩られる自然の美しさや味覚の数々。ハイキングの中継地としても武田尾は最適です。

武庫川水管橋

　ＪＲ武田尾駅は武庫川渓谷の上に架かる鉄道橋と、橋に続くトンネルの中を利用した珍しい駅です。橋上から南側を見ると、眼下に深い渓谷を渡す武庫川水管橋と温泉橋を眺めることが出来ます。

　武庫川水管橋は、1917年に完成した鋼トラス橋で、橋脚は石積みです。神戸市水道局の導水管で、水道管を載せて100年近くなる今も千苅貯水池から上ヶ原浄水場に水を送り続けています。

　現在、千苅貯水池の水は主に千苅浄水場を経て北区の北部地域に給水しています。また、トンネル（千苅導水路）を通って上ヶ原浄水場に送り、阪神水道企業団から購入した水とともに神戸の市街地にも給水しています。

武田尾温泉と水害

武田尾橋と避難する住民（車武撮影：2004年）

　武田尾温泉は峡谷の丘陵によって外部から隔離された峡谷のわびしい温泉場でした。耕地も住む人もほとんどありませんでした。そのため明治時代後半以前の武田尾温泉に「水害」

武田尾温泉と元湯旅館

旧武田尾駅と乗降客（車武提供：1960年代）

　写真はマツタケ狩りに来た客で溢れた旧国鉄武田尾駅ホームの光景です。武田尾温泉は、かつて早春のワカサギ釣り、夏のキャンプ、秋の紅葉狩り、冬はボタン鍋で知られた温泉です。

　元湯旅館の主人である車武(くるまたけ)さんは、若い頃からカメラやビデオで観光客や旧福知山線、武田尾渓谷の光景を記録しています。彼が撮影したビデオを基にして、文藝春秋社は1998年12月に広田尚敬（監修）『ロストレールウェイの旅　西日本編　福知山線旧線・土讃線旧線・井笠鉄道（文春トラベルビデオ）』を作製しています。

　また、旧武田尾駅が解体されたときには、構内に掲示されていた「沿線見取図」、切符切り機、刻印の入ったレールなどを収集し保管しています。今では貴重な資料になっています。

武田尾駅の乗客数の変化（『兵庫県統計書』による：『宝塚市史』より）

年代	明治33年	明治43年	大正2年	大正8年
乗客数	10,689人	26,567人	37,417人	47,023人

の記録を見つけることはできません。

しかし、大正時代になって旅館や人家が建ち並び、京阪神の奥座敷として発展すると武田尾温泉は度重なる洪水に苦しみました。

さくらや商店（2012年10月11日撮影）

阪神大水害（1938年7月3〜5日）では3軒の旅館と人家4戸が土砂によって埋没しました。武庫川の氾濫によって道路は決壊流失しました。また、武田尾駅構内で切取法面（きりとりのりめん）が崩壊するなど、福知山線が開通したのは7月21日のことでした。

阿久根台風（1945年10月10日）によって、塩瀬町では生瀬川鉄橋をはじめ多くの橋梁が流失したため福知山線は約1ヶ月不通になりました。武田尾付近の武庫川の水位は鉄道線路を越え、川岸にあった建物が残っていた橋本樓は、もう1軒の旅館と共に流されてしまいました。

1961年6月の豪雨災害で、福知山線の藍本〜古市間が浸水したため726列車が立ち往生しています。

1983年9月の大水害ではリバーサイド住宅が約1〜2m浸水。

2004年の台風23号により、武田尾橋は流され、紅葉館は大きな被害を受けました。廃線敷きも浸水し、長尾山第1トンネル内の枕木は全て剥ぎ取られました。リバーサイド住宅は再び浸水し、多くの住民は転居を余儀なくされたのです。

さらに2014年の水害で老舗旅館であるマルキ旅館は大きな痛手を受けました。また、僧川（ぞうかわ）の氾濫もあって、武田尾の商店街は浸水し、全戸移転をし、嵩上げ工事などが行なわれています。

桜の園（旧亦楽山荘）案内図

桜の園（旧亦楽山荘）の春

「櫻守の会」と桜の園

1999年4月17日、宝塚市の里山公園として「桜の園」が開設されました。元は笹部新太郎が所有していた亦楽山荘でしたが、遺族からの寄贈と宝塚市の購入によって市有林となりました。

「櫻守の会」は桜の園のオープンに合わせて発足しました。設立時の会則によると、(1)植生把握・記録・観察会、(2)桜の植樹・管理、(3)桜の植樹地の下草刈り、(4)里山林および周辺部の手入れ、(5)その他、緑に関する事項となっています。

「桜の園」の入り口とヤマザクラ

「櫻守の会」が活動を始めたころ、笹部新太郎が育てた約30種5千本の桜の多くが枯れ、1千本ほどになっていました。会の活動は「まず桜の植樹をしなければならない」という気持ちだったそうです。その後、ヤマザクラ・エドヒガンなどを植樹し、約1千本の桜が育ち、花を咲かせました。

現在、桜の園には推定1千本の桜があり、ほぼ全てが山野に自生していた野生種です。ヤマザクラ・エドヒガンの他にコヒガン・オオシマザクラ・カスミザクラ・ウワズミサクラなどがあります。

また、イロハモミジの大木も多くあります。育樹の丘から隔水亭へ下る山道から見下ろす錦秋の景観は、亦楽山荘の魅力の一つです。

武庫川の流れを背景とした親水広場の紅葉も、訪れた人に深い印象を残すことでしょう。

　今日、（1）里山整備活動、（2）自然観察会、（3）森林・里山・緑の啓発活動、（4）小学生への環境体験学習支援、（5）「トライやるウイーク」活動の受け入れなどが主な活動になっています。里山を整備、維持して次世代に継承していくことが「櫻守の会」の願いでもあります。

ダムに沈んだ小さな村…千苅ダムと神戸水道

①千苅貯水池

　武庫川水系の羽束川（はつか）と波豆川（はず）を水源とする水道専用の貯水池です。1914（大正3）年に工事が始まり、1919（大正8）年に完成しま

亦楽山荘との出会い…茂木恵（「櫻守の会」会員）

　私が亦楽山荘の存在を知ったのは、1960年ごろである。私は山登りが好きで、北摂のあまり知られていない藪山の探索やピークハントをしていた。大峰山にも色んなルートから登っていた。

　亦楽山荘の上の小道から登る時、下に見える瓦葺の建物は作業小屋にしては立派すぎ、こんな場所に住居なのかな、と不思議に思っていた。その頃は笹部新太郎氏のことも、亦楽山荘のことも全く知らず、一度小屋の傍に老人がいるのを見かけたことがあったが、今思えば笹部翁だったかも…。

　その後、1969年に水上勉の小説『櫻守』が出版され、そのモデルが笹部新太郎氏であり、武田尾がその地で、実在することを初めて知ったのである。まだ亦楽山荘が"幻の秘境"とされていた時代に書いた原稿を紹介する。

　「谷は樹齢100年を超えると思われる山桜に混じり、近郊では珍しい桂や、栂の大木が聳え、藪椿（やぶつばき）、青木の下生え（したば）が繁り、原生林の面影を彷彿とさせる」「惜しむらくは自生の山桜の古木も、翁の育てた多くの桜も今は藤蔓に巻かれ下生えに負け、枯れ死、また枯れ死寸前の状態にある」「主無き小屋も今静かに朽ち果て自然に還ろうとしている」。それが今、「桜の園」として宝塚市の里山公園となっている。

＊櫻守の会「10年の歩み　1999〜2009」より

した。1998（平成10）年に国の登録有形文化財に登録され、近代土木遺産としても位置づけられています。高さ42m、長さ106m、重力式粗石モルタル積ダムです。

　建設当時は、神戸市街地の水需要の増加に対応するために、上ヶ原浄水場を経て、市街地に給水されていました。千苅貯水池から上ヶ原浄水場までは15,069.2mの導水路で連結され、武庫川・逆瀬川・仁川・夙川などでその導水管を見ることができます。送水管が通るところは水道筋の地名もあります。現在は、主に千苅浄水場を経て北区に給水しています。総面積は112万㎡で甲子園球場の約28個分あります。貯水量は1,161万㎥で神戸市役所1号館の約61杯分あります。布引・烏原と神戸市の三つの貯水池中で一番大きなものです。これらの貯水池で一日に必要な神戸市の水量の約20％を供給しています。

　千苅貯水池から上ヶ原浄水場までの導水隧道工事は山を貫く難工事でした。その工事に多数の朝鮮人が従事していました。宝塚に朝鮮人が初めて来たのは1914年ごろで、その場所は武田尾周辺でした。

　西谷村役場発行の「埋葬認許証」には3人の朝鮮人のものがありま

千苅ダム

大岩ヶ岳から見る千苅貯水池

す。彼らは隧道工事中の落盤や発破事故による犠牲者です。多くの朝鮮人が人里離れた西谷の山奥で厳しい重労働に明け暮れていたのです。

②ダムに沈んだ波豆の集落

　神戸市が千苅渓流に水源池をつくり、西谷村の波豆が水没するという計画を波豆の村人が知ったのは1910（明治43）年2月中旬。村人は突然のことであり驚きました。西谷村長は神戸市長に対して「祖先伝来の土地を20数戸のものが失い、一家路頭に迷うものも生じ、また祖先の墳墓も水底に沈むと思えば暗涙を催すなど、憫察を訴える者がある」など西谷村の窮状を述べ、計画の変更を申し入れました。村長は、涙を流して訴える波豆の人々を公共の事業であるという理由で説得し、他方水没面積を狭めることによって納得させようとしました。

　1911（明治44）年1月15日、村人は波豆村民総集会を開き、「神

戸市水道拡張対抗委員」を選出し、委員長に福井幸次を選びました。「1911年から1913年まで前後5回にわたり神戸市は波豆村を測量しましたが、そのた

水没する前の波豆の村（湯浅徹雄作）

びごとに材木、果樹を伐り倒し、田畑を踏み荒らし、農産物を蹂躙(じゅうりん)して住民の仕事を妨げるなど、村の受けた損害は少なくありませんでした」。村民は現状を訴え、西谷村長に対して「堰堤(えんてい)の高さは、住民の希望にちかいものになったかどうか神戸市に対して説明を求めてほしい」と陳情書を出しました。1914（大正3）年1月、西谷村長に「100尺（約30m）を50尺（約15m）に縮小するように」再度の陳情を要請。神戸市は「希望に近づくように設計ができる」と回答しました。しかし、変更された計画では、第一期110尺、第二期120尺となっていました。神戸市からの回答は「堰堤をより高く変更」するもので、「我々一同、驚愕(きょうがく)ただただ唖然。憂慮・苦悶往日(おうじつ)に10倍す。神戸市は詐言(さげん)を弄し、徳義を無視する言語道断の極み」でした。

　千苅貯水池堰堤構築工事が竣工(しゅんこう)したのは1919（大正8）年5月1日。1921（大正10）年3月20日は水道拡張の全工事が終わり神戸開港50年祝典と共にその竣工式が大倉山公園で行なわれました。式典の始まる午前10時には、暗雲が大粒の雨を大地にたたきつけ、風さえ加わりました。それは波豆の人々の怒りと悲涙(ひるい)でした。福井幸次はその年6月西谷村長となり、信用組合をつくり村有林野の統一に尽力しましたが、11月急死しました。

波豆村の陳情

　神戸市はさらに堰堤を20尺高くし、貯水量を2倍に増量する計画を立て認可されました（1925年）。波豆の人々は再度陳情をしました。「波豆はもと戸数45戸、耕地45町余りの村で、農業のかたわら林業・薪炭生産をおこない、波豆川および羽束川で僅かながらも魚をとり、ようやく生計をたてていた。ところが神戸市の水源地ができて耕地や山麓の肥沃な山林、藪、栗、柿などは小額の補償金で買収・伐採され、また残った山へ行くのも以前は道程一丁位であったのが、はなはだしい場合は一里も迂回しなければならなくなり、祖先以来の生業も頓挫し、他の土地に出稼ぎしなければならない状態となった。

　神戸市は前回の収用のとき、所有者に対し高圧的な態度で価格を設定し買収した。また労働者の失業救済・通路の遮断・神社馬場先の整理等について種々嘆願したが、名を公共事業と法令の規定・監督官庁云々に藉口し、村民困憊の極みより愁訴する哀願を一蹴した。」波豆の人々の怒りと悲しみと将来の生活の不安が溢れ、悲愴でさえありました。この二期工事によって、波豆の村の移転家屋は22戸、水没した田畑・山林・宅地などは約23町歩でした。嵩上げ工事は1929（昭和4）年に始まり、1931（昭和6）年に終了しました。

湖水の下には波豆の家々があった

与三郎さんの手記

　私の生れ故郷は波豆村であるが、生家は波豆の中を流れる川に沿って、村の中心から2㎞離れた八百苅という山に囲まれた盆地で、波豆へ行くには狭い山道を半里歩かなければならない飛び地であった。八百苅はさびしい山奥であった。今は水源地の最も深い水面下何十mの水底となっている。このお椀のような僻地に、わが家は分家とただ2戸だけで農業をしていたのである。

　しかし、八百苅は大変景色の美しい土地で北に山を背負い、南に屏風を立てたような岩山を望み、春は山上に赤い山つつじを満山に眺め、山麓には山吹の花が咲き、さらに下には深い水をたたえた川を巡らし、春の花見には最適であった。また秋は全山紅葉してまことに美しい眺めであった。この盆地の中部で農地約1町7～8反を保有し、例年50～60石の米を収穫した。米の他に二毛作として麦・大豆・小豆・野菜を作って需要を満たしていた。

　私共の子どものときは決して贅沢は許されなかった。魚が1年に数えるほどしか与えられず、菓子などたまたま買う程度であった。その頃の田舎は自給自足で生活をしていたから、味噌・醤油までも自分の家で作っていた。ただ秋になると柿・栗などが豊富にあったため、私共はこの間に1年中の果物を十分に味わった。私の家には柿の木が30本もあり、栗は広い栗林があって毎日栗拾いをさせられるのが嫌であった。柿は好きであったから、夜分勝手を知った木に登って、たらふく柿を皮のままかじったことを覚えている。

　私の生まれた家も農地も全部が、神戸市の水源池の犠牲となって水底となって、失ってしまったのは残念に思うが、いまさらやむなきことと思う。とくに、わが家は古く、2百年を経ているともいわれたが、土蔵2棟、別棟座敷などがあって三田へ通じる田舎道のうえに、石垣と土塀を巡らした相当な家の構えであった。庭にはひと抱えもある柿の大木が家をおおっていた。神戸市水源池のために家屋敷農地の全部を失ったわが家と分家は、大正6年とうとう立ち退きをせねばならなかった。

　　　　　※西村忠孜著『北摂　続　羽束の郷土史誌』平成12年4月10日発行より引用。

④ 西宮名塩駅からハイキング道へ

コース案内

　生瀬駅からハイキング道への道は国道の狭い歩道を歩くため危険で集団での移動には向いていないので、より安全な名塩駅からの道を紹介しておきます。

　ＪＲ西宮名塩駅の改札を出て右手の階段を上がると、西宮名塩駅開業記念石碑がありますが、その右側に新しくできた周辺地域の案内図がありますので見てください。右下に赤い点線でハイキング道への行き方が表示されていますので確認しておくといいでしょう。

　ハイキング道へはバスターミナルと阪急オアシスの間の広場を抜けて行きます。広

西宮名塩駅開業記念石碑

西宮市が設置した案内板

場の外れに駐輪場ビルとトイレがあります。ここから武田尾駅まではありませんので利用しておきましょう。広場とカーブしている道路の接する場所に「ＪＲ福知山線廃線敷きまで1.3km」という小さな案内表示があります。ではその道路を下って行きましょう。

国土地理院設置の二等水準点

休日は少ないですが車が通りますので気をつけます。一本道なのでほぼ迷うことはありません。塩瀬中学校を過ぎると中国自動車道の高架が見えてきます。その下を抜けると雑木林になり小さな橋があります。流れている川が尼子谷（名塩）川です。さらに進むと左手に墓地があります。墓標を見ると同じ苗字のものが多くあり、この地域の有力者のお墓であることが伺えます。

藁葺き屋根の芝辻邸

墓地の前を通りしばらく歩くと、大きなクスノキが現れます。西宮市の保護樹木で、幹の太さに長い歴史を感じます。その手前に「二等水準点」が設置されていますが、あまり目にすることがないものなのでぜひ確認しておくといいでしょう。

ここを下るとハイキング道

道路を道なりに進み、赤い橋の道路下を抜けた先で道が左右に分かれています。右側に茅葺き屋根の家がありますが、これは西宮市の都市景観形成建築物に指定されている芝辻邸です。廃線敷きへはこの分岐を左

ハイキング道のスタート地点

に進みます。しばらく行くと車道としては行き止まりになりますが、その先が細いコンクリートの歩道になっていますので下って行くと廃線跡のハイキング道に出られます。合流地点の左方向が武田尾方面です。

⑤西宮名塩駅から名塩の街並みへ

コース案内

　西宮名塩駅開業記念碑前を廃線敷き方向とは反対に向かって約10分ほど歩くとかつて和紙と蘭学で栄えた名塩の街並みです。旧国道176号線に沿って歩くことになりますが、記念碑前の横断歩道を渡り、左斜めにある歩道を行きます。階段を上がると176号線に出ます。コンビニエンスストアの前で国道176号線は新道（トンネル）と旧道に別れますが、旧道沿いに行くとバス停があり、そこを渡った交差点から先が名塩の街並みになります。

　旧国道から一つ入った道が「蘭学通り」です。地図に沿って進んで行き三叉路を左手に行くと名塩八幡神社です。そのまま通りすぎ、小さな川を渡ると左手にＪＡ兵庫六甲名塩店があり敷地の左手に、蘭学者緒方洪庵の八重夫人の胸像があります。ＪＡを過ぎるとすぐに旧国道に合流、歩道を歩いていきます。左手の名塩会館の少し先の道路反対側にあるのが名塩和紙学習館です。名塩の伝統産業「紙

漉き」を実習・体験できる施設です（電話0797-61-0880）。

和紙学習館から旧国道をＪＡ方向に戻りさらに国道沿いに歩き左手に登って行くと教行寺があります。蓮如創建の寺と伝えられ名塩が一望できる太鼓楼が建つ名門寺院で、名塩の指導的立場として豊臣秀吉からも寺領を認められていました。

名塩和紙学習館

さて教行寺から旧国道を隔てた反対側の新国道沿いにあるのが、現在も名塩で和紙製造をしている手漉き和紙職人の谷野武信さんの谷徳製紙所です。工業技術・和紙の分野で人間国宝に認定された谷野さんが作る和紙は、二条城や桂離宮、西本願寺などの歴史的建造物の修復など文化財保護にも使われ、ローマ法王に献上されています。

和紙の里　名塩

名塩の街並みと蘭学通り

名塩の地名起源として『大日本地名辞書』は、「内塩、即名塩なるべし、又、長塩につくる」とし、「奈良時代に塩原山と呼ばれた有馬温泉の山内に位置する」という説と、「塩を含有する鉱泉が湧いた時代があり、それが風呂に使われ内塩湯（ウチシオユ）と呼ばれたのが内塩となり、さらに名塩に転じた」とする説を紹介しています（『名

塩史』)。

　名塩は江戸時代初期に製紙技術が導入され、紙漉きの里として発展しました。和紙の原料は楮・三椏・雁皮などがあります。和紙の90%は楮で障子紙・傘紙・提灯紙などに使われ、三椏は紙幣・出版用紙に使われています。名塩紙は雁皮に泥土を混入するのが特徴です。

　名塩紙の創業をめぐっては色々な説があります。その一つは、1475年、蓮如上人がわずか24戸の寒村名塩の里村に寄り道したとき、上人の供人として同行してきた紙漉き職人が伝えたという説です。

　二つ目は、1580年、木こりの男が木曽へ出かせぎのとき、同地の製紙法を習得してきたというものです。

　現在、紙漉きの技法を伝授して、村に繁栄をもたらした東山弥右衛門が名塩紙の紙祖とされています。

　東山は越前で紙漉きの技術を学び、雁皮紙の製法を名塩にもたらしました。泥入りの雁皮紙は強度、虫食い、日焼け、火にも強いので書画・美術用、金箔圧延用、襖用に使用されました。また、藩札の原紙として全国の各藩からの需要があり、「名塩千軒」といわれるほど盛況を極めました。

東山弥右衛門

　名塩村は貧村であったため、農閑期には木曽方面に出かせぎに行っていました。そこで東山は越前の紙漉きのことを聞き、ある年、越前へ出向きました。しかし、外来者では紙漉きの技術は教えられないと知り、現地の娘と結婚して技術を習得しました。後日、妻子を残して名塩村に戻った弥右衛門は、人びとに紙漉きの技術を伝授しました。

　何年か後に、越前に残してきた妻と子どもが弥右衛門を訪ねてきて、越前に帰るように懇願しましたが、弥右衛門は頑として応じませんでした。妻は、あまりの悔しさに「私の怨念で、この名塩を絶えさせて見せる」という言葉を残して立ち去りました。弥右衛門は気になって後を追ったところ、「お蔵の回り」というところの松の木で首吊り自殺をしていました。弥右衛門は、変わり果てた妻子を手厚く葬送しました。

しかし、明治以降、洋紙の普及で打撃を受け、戦後、漉き手が激減しました。現在、紙漉きを行なっているのは2軒のみです。谷野武信さんは2002（平成14）年、重要無形民俗文化財「名塩雁皮紙」の技術保持者と認定されました。作品は日光東照宮・二条城・桂離宮・兼六園などの文化財の修復に使われています。

名塩蘭学塾跡

　名塩は和紙生産地として京都・大阪など各地に知られた所で、紙屋仲間たちはたえず大阪の各藩の蔵屋敷などへも出入りしていました。そのことにより、京都・大阪の最新知識が名塩という僻村を刺激しました。

　緒方洪庵は備中の出身。西洋医学を学び、大阪で開業。適塾を開き、門下生1,000人を育成。その中に、福沢諭吉・大村益次郎・大鳥圭介・橋本佐内などがいます。この洪庵の夫人が名塩出身の八重です。八重夫人は億川百記の娘です。億川は紙業に携わりながら蘭学を学び、名塩において蘭医を開業していました。

* 緒方八重（緒方洪庵夫人）の胸像（名塩1丁目25）
　　1862年から1869年の間、蘭学塾のあったところです。洪庵によって大阪で開かれた適々斎塾の塾頭である伊藤慎蔵が、1862年に名塩で蘭学塾を開きました。慎蔵は大阪開成所数学教授となり名塩を離れますが、名塩からはその後、多くの優れた人材を輩出しています。

* 億川百記
　　名塩で蘭学医として開業。蘭学者緒方洪庵の妻八重は、百記の娘です。百記は洪庵長崎遊学の折には、頼母子講をつくり、その費用を援助するなど洪庵を支援しました。

緒方八重の胸像（名塩1丁目25）

第2章
武庫川渓谷廃線跡の歴史

武庫川渓谷廃線跡とは…阪鶴鉄道から国鉄福知山線へ

　1986年8月1日、旧国鉄福知山線の電化工事と新三田駅までの複線化が完成し、生瀬〜道場間は新線に切り替えられました。距離にして12.2km、12のトンネル群と13の鉄橋が廃止されました。新たに「西宮名塩駅」が開設され、「武田尾駅」は新線の橋上駅となりました。

　「武庫川渓谷廃線跡ハイキング道」とは、この旧国鉄福知山線の生瀬〜武田尾間のことをいいます。JRは「当旧線跡地は、ハイキングコースではありません」と看板を立てていましたが、「廃線跡を歩きたい」という市民の要望が強く、廃線敷きを歩くことを黙認していました。しかし、近隣の小・中・高校などは郊外学習などの学校行事として、武庫川渓谷廃線跡を訪れることはできず、鉄道やトンネル等の歴史を学ぶフィールドを活かすことができませんでした。

　子どもたちに武庫川渓谷の自然と景観を体験させたい、明治・大正期における鉄道とトンネルなどの歴史を学ばせたい、との思いで市民が開放を求めて運動を展開した成果として、2016年11月15日から一般開放されることになったのです。

整備された木橋から見る武庫川

阪鶴鉄道から国鉄福知山線までの歴史

明治30年　阪鶴鉄道会社→摂津鉄道を買収（池田・宝塚間開通）
明治31年　宝塚・有馬口（生瀬）間開通
明治32年　尼崎・福知山間開通
明治37年　福知山・舞鶴間開通
明治40（1907）年　国有化→国鉄福知山線
昭和61（1986）年　生瀬〜武田尾〜道場→廃線　　87年間
※神崎駅は尼崎駅（1949年に改称）と表記する

　生瀬駅から道場駅までの福知山線旧線は阪鶴鉄道の時代に建設されました。阪鶴鉄道は軍港舞鶴と京阪地方を連絡する鉄道として、1899（明治32）年7月15日に福知山までが完成しました。有馬口（生瀬駅）まで開通したのは1898（明治31）年6月8日。生瀬〜武田尾〜道場〜三田まで開通したのは1899（明治32）年1月25日です。この区間は武庫川渓谷に沿い、断崖絶壁を削り、深い淵を渡し、谷を縫い、嶺を貫くなどの難工事でした。多くの工夫が工事中に亡くなり「その惨状、多く語るに忍びざるものあり」と記録されています。

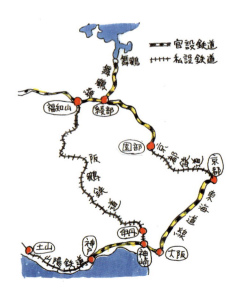

　1901（明治34）年、舞鶴鎮守府が開庁。政府は新舞鶴と陸軍の拠点があった福知山間の鉄道建設を急ぎ、1904（明治37）年に福知山・新舞鶴間が開通しました。軍事的な要請が先行した鉄道建設でした。1906（明治39）年に鉄道国有法が公布され、翌年、阪鶴鉄道も国有鉄道に統合され、阪鶴線と呼ばれ、1912（明治45）年福知山線と改称されました。

武庫川渓谷廃線跡トンネル群

　川西池田〜中山寺間に天神川の川底をくぐる19.8mの短い川底トンネルがありました。この天神川トンネルの材料はレンガのみで構成され、阪鶴鉄道の第1号トンネルでした。1980年の高架工事によって埋め戻され、今は見ることができません。

当田（3号）トンネルの現状

　『西部鉄道管理局線名所図会』（明治44年発行）には生瀬・武田尾間に7本のトンネルが描かれています。生瀬駅を過

北山第1トンネル（新第4号トンネル）

ぎるとすぐに62.7mの城山トンネル（第2号）が見えますが、現在はコンクリートで塗り固められています。太多田川を渡ると当田トンネル（第3号：208.5m）ですが、入口に鉄柵が設置され、草や木々も大きくなり中に入ることはできません。

　ハイカーが最初に通行できるトンネルが北山第1トンネルです。このトンネルの河岸側に鉄柵が設置され、通行禁止になっています。今では草木が鬱蒼と茂り、通行する気にもなりませんが、かつてはこの道を歩くこともできました。阪鶴鉄道の時代には、この道に線路が敷設されていたのです。しかし、川沿いの擁壁が崩壊するなど、危険なために旧線を山側に移設したのです。今日でも崩落した擁壁を見ることができます。

　つまり、北山第1トンネルは大正時代になって新設されたトンネ

ルなのです。『神戸鉄道局年報』によりますと「1921（大正10）年に着工、1922年に竣工した」と記述しています。旧武田尾駅に掲示されていた「沿線見取図」（元湯旅館蔵）に「新北山T」と記述されています。なお、『西部鉄道管理局線　名所図会』（明治44年発行）には当然北山第1トンネルは描かれていません。

　坑門入口の右壁に「北山4－1」「新」と書かれていますが、それは新トンネル、4号の1を表しているのです。なお、北山第2トンネルには「4－2」と描かれています。コンクリートが本格的に使用されるのは明治末年から大正時代にかけてです。新設された北山第1トンネルは坑門が石積みで、覆工はアーチ部、側壁部ともコンクリート構造となっています。トンネルの工法からトンネルの歴史を知ることができます。

トンネルの長さと工法

　北山第2トンネルは生瀬〜武田尾間で、最長のトンネルです。入口坑門はコンクリート造りで新しいトンネルのように見えますが、1956年に落石防護のために16m入口が継ぎ足されました。坑門を入ると継ぎ足されているのがはっきりと分かります。

　緩やかにカーブしているため、中央部で懐中電灯を消すと「真っ暗」を体験することができます。また、退避壕にコウモリが居ることが

鉄道区間の距離

　明治期、鉄道のキロ数はヤード・ポンド法で測定していました。「哩」はマイルのことであり、「鎖」はチェーンのことです。
1マイル≒1,609.344m。1チェーン≒20.1168mです。
　阪鶴鉄道の尼崎〜福知山間の距離は69哩49鎖≒112,030mです。また、生瀬〜武田尾間は4哩3鎖≒6,498mで、武庫川渓谷廃線跡は約6.5kmになります。休憩なしで歩けば約1時間40分ぐらいの距離です。また、武田尾〜道場間は3哩45鎖≒5,733mで、廃線になった生瀬〜道場間は7哩48鎖≒12,231mということになります。

あります。アーチ部分の材料はレンガで長手積みになっています。側壁は野石乱積みです。

北山第2トンネルを出ると、渓谷は深くなり、右手に溝滝が見えます。女滝と男滝があり「淵の底は千尋計り難し」とあり、かなり落差のある滝であったようです。この滝に鯉や鮎が遡上してくるのを里人がすくい、湯山（有馬）へ売りに出していました。播州滝野の鮎すくいとならぶ風物詩として、ひろく知られていたそうです。

溝滝尾トンネルから見る武庫川第2鉄橋

鉄橋に新設された木橋

溝滝の上流にあるので、第5号トンネルは溝滝尾トンネルです。

旧武田尾駅の構内に掲示されていた沿線案内図には「清滝尾トンネル」と表示されていました。入口・出口坑門とも継ぎ足されています。出口が近づくと赤いトラス橋が見えます。武庫川第2鉄橋です。長さは76ｍです。今回の修築工事によって、鉄橋に敷設された線路上を歩くことができるようになりました。

鉄橋を渡ると、宝塚市です。かつて長尾山第1トンネルの入口坑門の右前に枕木が積まれていまし

長尾山第1トンネル入口前（修築工事以前、トンネル内の枕木がすべてはぎとられ山積みになっていました）

た。2004年の大水害の時に、トンネル内の枕木が全て押し流され、鉄橋前の鉄柵に積み上げられたのです。洪水の恐ろしさを物語る遺物として貴重なものでした。そのために長尾山第1トンネル内には枕木が1本もありません。

レンガ造りの第7号トンネル

長尾山第1トンネルを抜けると、視界が大きく広がります。緩やかに蛇行して流れる武庫川の雄大な景観が眼前に現われます。春には山並みの中に所々薄紅く染まった桜を見いだすことができます。桜の園（旧赤楽山荘）です。その裾にある親水広場は昼食をとるのにもっともいい休憩場所です。夏は水辺に降りて、遊べます。秋は紅葉が迎えてくれます。

長尾山第2トンネル

イギリス積み

親水広場を過ぎると、大きな岩をくりぬいた小さなトンネルが見えます。長尾山第2トンネルです。入口坑門左のレンガに「7」の数字が表示されています。

阪鶴鉄道（明治32年開業）の時代に造られたトンネルは側壁部が石積み、アーチ部分がレンガ積みとなっています。長尾山第2トンネルは側壁部もレンガ積みで、側壁はイギリス積みになっています。また、ここからレンガの大きさも標準型に変化します。

長尾山第3トンネルを抜けると、かつて武田尾温泉橋前の小さな商店街が見えました。2014年の洪水で、今は嵩上げされたコンクリートの壁が続いているのが見えるのみです。

レールと枕木と機関車

　北山第1と第2トンネルのハイキング道山側の鉄柵支柱、伊丹市立博物館、武田尾温泉元湯旅館に「CARNEGIE」「1896」「HANKAKU」の刻印のあるレールを見ることができます。

　1896（明治29）年アメリカのカーネギー社に発注した軌条（きじょう）が、新しい標準形軌条として採用されています。この規格に基づくレール

時刻表と乗客数と貨物

　大阪・福知山間の所要時間は、約4時間。列車運行は1日4往復です。当時、大阪や神戸まで歩いて行く人が多かった時代の人々にとっては驚異的な速さです。しかし、大阪・福知山間の運賃が1円41銭（三等）であったので、鉄道が開通しても歩く人が多かったようです。

　鉄道の開通によって福知山の町はにわかに活況を呈するようになりました。「福知山は乗客、貨物等の利便多くなり、随って景気も一層良く、中にも運送店、旅人宿、人力車夫等は収入を増加し停車場付近は続々家屋を建築」（『日出新聞』）。堀、内田町あたりは急ににぎやかになりました。馬車会社が開設され、倉庫会社か開業するなど、鉄道のもたらしたものは多く、新しい風俗や思想も運ばれてきました。

阪鶴鉄道　大阪―福知山間時刻表（一部抜粋）〔明治36年〕

阪鶴鉄道 京都　大阪　神崎　福知山間　明治36年1月20日改正								
京都発			8:30					
大阪発	5:10	8:12	9:45	11:02	1:05	3:35	6:25	7:55
神崎発	5:25	8:25	10:00	11:20	1:20	3:50	6:45	8:10	9:25
宝塚発	6:02	9:02	10:35	12:00	1:57	4:38	6:06	7:17	8:47
生瀬発	6:14	9:16	10:47	12:05	2:10	4:56	6:11	7:42	8:52
武田尾発	6:29	9:31	11:02		2:15	5:11		7:57	
福知山着	9:10		1:30		5:05			10:45	

阪鶴鉄道主要駅乗客人数（『兵庫県統計書』による）：『宝塚市史』より

	明治34年	38年	42年	45年	大正2	6年	8年
宝塚	53,954	47,421	113,532	95,524	104,527	131,668	168,588
生瀬	39,846	37,485	43,049	35,202	37,539	29,564	39,810
武田尾	13,807	18,852	26,529	31,897	37,417	42,458	47,023

＊惣川駅：大正2年87人として記録される。

の国産は、官営の八幡製鉄所（1901年）が操業を始めると同時に開始されました。しかし、輸入レールを駆逐するまでには程遠く、国内のレールはほとんどが外国製でした。阪鶴鉄道のレールはカーネギー・スティール・コンパ

カーネギー社の刻印のあるレール（伊丹市立博物館所蔵）

ニーあるいはイリノイ・スティール・カンパニーのものでした。レールの国産化は1907（明治40）年から始まります。

　まくら木の仕様は1900（明治33）年の仕様書に示されます。まくら木は第1種と第2種に分けられています。第1種は檜・ひば・栗・樫、第2種はしほじゅ・唐松・ねつ・栂・やちたも・はり桐としています。また、等級を1等品 および2等品として、等級に応じた寸法その他の規格を定めています。枕木を見ながら歩くと、何本目かに太い枕木があります。レールを継ぎ足した場所で、レールの長さが分かります。

　蒸気機関車は、1893（明治26）年にお雇い外国人の設計・指導の

50mの巻尺で実測

　武庫川渓谷のトンネルを紹介している書籍によってその長さの表記が違う疑問を解くために、2012年、2回にわたりトンネルの長さを実測しました。その結果は次の長さでした。本書の表記はこの実測によります。

○北山第1トンネル：標示板に「318.3□」と表示。実測318m。
○北山第2トンネル：入口坑門を15.87m延長。実測414.1m。
○溝滝尾トンネル：南に8m、北に3.55m延長。実測150.3m
○長尾山第1トンネル：標示板に306.4□m。実測307m。
○長尾山第2トンネル：延長5.56m。実測147.15m。
○長尾山第3トンネル：入口坑門の延長部分が斜傾。長い部分は11.66m、短い部分は8.92m。実測93.30mと90.56m。したがって91mと表記。

下に鉄道庁神戸工場で製造されました。国産初とはいえ、主要部品も輸入品でした。純国産機は、1903（明治36）年、汽車製造会社で完成しました。

阪鶴鉄道の機関車（川上義幸氏提供の伊丹市立図書館所蔵写真から）

　阪鶴鉄道が新しく購入した機関車はタンクエンジン8輛、テンダーエンジン3輛、合計11車両で、その内3輛の機関車はピッツバーグ製Cタンク機関車で、8輛もアメリカ・イギリス・ドイツ製（Hannover社製とKrauss社製）でした。伊丹市立博物館ではタンク機関車（ピッバーグ製）の写真も展示されています。

＊ テンダー機関車は水や石炭を積んだ炭水車を連結した機関車。

年度	M.30	31	32	33	34
機関車	4	11	13	13	14
客車	22	22	40	44	44
貨車	43	92	162	163	200

「阪鶴鉄道唱歌」に詠われた武庫川渓谷

　伊丹市立博物館に『阪鶴鉄道唱歌』が展示されています。作詞・作曲荻野哲太郎、摂津三田安田徳潤堂が1902（明治35）年に発行しています。鉄道を庶民にも親しみやすくするために、鉄道に関する唱歌が作られました。その先駆けとなったのが、「汽笛一声新橋を…」で始まる「鉄道唱歌」です。1900（明治33）年に第一集（東海道）が発表され、第二集（山陽・九州）、第三集（奥州・磐城）、第四集（北陸）、第五集（関西・参宮・南海）

阪鶴鉄道唱歌の表紙（摂津三田安田徳潤堂発行）

が順次出版されました。この鉄道唱歌は、沿線の名所等を七五調で盛り込むことによって、沿線に対する関心、唱歌ブームを呼び起こし、爆発的な人気を博しました。

各地で鉄道唱歌が発表される中で、いつまでも阪鶴鉄道の唱歌が発表されませんでした。その当時有馬高等小学校で教鞭を執っていた荻野さんはこれを作れるのは、摂津に生まれ、丹波に育ち、鉄道沿線の地理・歴史に詳しい自分をおいて他にはいないという

阪鶴鉄道唱歌の楽譜

自負と使命感で作歌に取組みました。また、唱歌を沿線の地理歴史を児童に教えるための教材と考えていたようです。

　阪鶴鉄道は、商都大阪と軍港舞鶴を接続する鉄道の開設をめざし、大阪財界の主導で設立された会社です。大阪財界の土居通夫が初代社長に就任。1897（明治30）年に摂津鉄道を買収し、建設工事を着工。1899（明治32）年には、尼崎・福知山間が開通しました。

　唱歌発表当時、阪鶴鉄道が運行していた路線は、尼崎・福知山間でしたが大阪・尼崎間の官設鉄道への直通運転が行なわれていました。

　歌詞は大阪から始まり、武庫川渓谷については次のように詠われてます。

　　一八　生瀬を越して逆る　武庫の川上、山の中
　　　　　出ては、くぐるトンネルの　間に渡す鐵の橋
　　一九　下行く水は右ひだり　岩に當りて飛び狂ひ
　　　　　自然になれる溝瀧は　げに此旅の奇観なり

　今も変わらぬ武庫川渓谷の景観や自然をみごとに表現しています。1901（明治34）年の海軍条例により舞鶴鎮守府が開庁します。ロシアとの関係が緊迫していました。国は、国防上の理由から、新舞鶴（現東舞鶴）と陸軍の拠点（歩兵第20連隊）があった福知山間の鉄道

を敷設することを決定し、建設工事は、昼夜兼行で行なわれました。そして、1904 (明治37) 年に福知山・新舞鶴間が開通。この年の2月に日露戦争が始まっていました。

　阪鶴鉄道唱歌は、大阪、尼崎、福知山及び舞鶴間の沿線を対象にしていますが、日本海、遠くはシベリアまで思いをはせています。

　四六　ここより馬車に乗りかへて　駈ける坂道右は海
　　　　あらぶる波と遠霞　西比利亜国は見え分かず
　五三　我着祝い舞鶴の　港に入れば日はくらし
　　　　ここの名所も軍港も　明日にのばして宿かりぬ
　五四　思へばうれし今日の旅

・・・と54番で終わっています。

　鉄道唱歌は地理歴史教育の教材でしたが、日清戦争後、軍事優先の風潮を支える役割をも果たしていました。

生瀬から武田尾…『西部鉄道管理局線　名所図会』

　『西部鉄道管理局線　名所図会』は森本規六が編著者で1911 (明治44) 年に濱田日報社から発行されました。阪鶴鉄道は鉄道国有法によって1907 (明治40) 年に政府に買収され、国有化されますが、この書籍では「阪鶴線　神崎新舞鶴間　91哩1分」と記述されています。その中で生瀬

右から城山、当田、北山、溝滝尾、長尾山第1、長尾山第2、長尾山第3トンネル

～武田尾間が右図のように紹介されています。つまり生瀬～武田尾間にトンネルが7本。右から城山、当田、北山（第2）、溝滝尾、長尾山第1、第2、第3トンネルです。溝滝尾と長尾山第1の間には鉄橋が描かれています。北山（第1）はこの時点ではなかったのです。北山第1トンネルは大正時代になって旧線ルートを山側へ移設し、新設されたものであることが、この書籍からも分かります。

　また、「生瀬より有馬への行程3里、途中屏風岩の奇岩あり」、生瀬温泉「効能、含塩炭酸泉にして諸病に効あり」と記述されています。有馬温泉への経由駅であり、武田尾温泉と同じ泉質の温泉が湧き出

鉄道唱歌と童謡

　『鉄道唱歌』は1900年に出版されました。この歌の正式な名称は「地理教育鉄道唱歌」で、第一集～第五集の全体を合わせたものが『鉄道唱歌』とされています。

　第一集だけで66節、五集全部で334節になります。国文学者で歌人の大和田建樹〔1857－1910〕が、ただ一人で作詞しています。作曲は多梅稚（おおのうめわか）〔1869-1920〕です。大和田建樹は満韓鉄道唱歌、戦争唱歌（1903年）、日露開戦唱歌、国民唱歌 日本海軍（1904年）など多くの軍歌の作詞も行なっています。

　童謡『汽車ポッポ』は、誕生当初は『兵隊さんの汽車』という題名で、歌詞も戦地に赴く兵士を歓送する内容でした。

　「…兵隊さんを乗せて…日の丸の　旗をふりふり　送りましょう　万歳　万歳　万歳　兵隊さん　兵隊さん　万々歳」。

　日中戦争が始まった1937年に御殿場市で小学校教諭をしていた富原薫が作詞しました。御殿場には陸軍の演習場がありました。戦争の激化とともに御殿場駅のホームでは、連日出征する兵士を万歳三唱で送り出す光景が見られました。そんな日常風景を歌詞にしたようです。

　敗戦の年（1945年）の大晦日の歌番組「紅白音楽試合」で、童謡歌手の川田正子がこの曲を歌うことになりました。しかし、GHQから、軍国主義的な歌詞にクレームがつき、急きょ書き直し、題名も『汽車ポッポ』に変えたのです。このように唱歌や童謡が軍国主義の風潮を助長し、推進した側面もありました。

ていたことが分かります。さらに「生瀬・武田尾間4哩（マイル）武庫川両岸は風景よし」と記し、「夕暮れは　鮎のはら見る　河瀬かな　翁」と詠んでいます。武田尾温泉は「初夏武田尾温泉に遊べば香魚馳走あり。又河鹿妙音を聴くことを得べし」とあり、香魚（鮎）料理が出されていたことが分かります。

鉄道工事に携わった人々

生瀬〜武田尾〜道場〜三田まで開通したのは1899（明治32）年1月25日です。この区間は武庫川の急流に沿い、断崖絶壁を削り、深い淵を渡たし、谷を縫い、嶺を貫くなどの難工事でした。

殉職者慰霊碑（立合新田）

19ヶ所のトンネル、11ヶ所の橋梁、線路の最高点は海抜261mにも達しました。

工夫の死亡事故の多くはこの区間の工事中に起こっています。「その惨状、多く語るに忍びざるものあり」と記録されています。今日、武田尾地域の人々によって殉職者慰霊の碑が立合新田に建立（1979年）されています。

阪鶴鉄道の時代に犠牲になったのは丹波や岡山、奈良や遠くは静岡などからやって来た貧しい農民たちです。彼らは出稼ぎ労働者として働き、過酷な労働条件の下、犠牲になりました。

『宝塚市史　第3巻』には工事犠牲者（20名）の氏名・年齢・出身地や亡くなった場所などが記述されています。その中には幼い子どもが含まれています。『宝塚市史研究紀要』によりますと、西谷村に残る膨大な資料の中から「阪鶴鉄道工事と伝染病」に関する事務報告書を発見しました。

「玉瀬村字大平坂鶴（阪鶴の間違い…筆者注）鉄道工場に於いて赤

痢病発生、最も劇甚を極めたり、7月28日阪鶴隔離病舎開設、この収容患者41人内死亡9人、11月8日閉鎖、……坂鶴（阪鶴）鉄道工場に於いて坂鶴（阪鶴）隔離病舎開設中3名の虎列拉（正しくは虎列刺：コレラのこと…筆者注）病患者発生し同隔離病舎に収容せし者2名、その1名は収容するの違なく死亡せり」（明治31年事務報告書より抜粋）

　阪鶴鉄道現場で赤痢・コレラが発生（計44人）。阪鶴鉄道工事の犠牲者のリストの中に子どもの名もあり、必ずしも工事中の事故だけではないと考えられていましたが、この史料により工事現場で伝染病が蔓延していたことが判明しました。

＊市史研究紀要『たからづか　第18号』平成13年11月

トンネルのレンガは地元で造られた？

　旧福知山線の工事に関して、地元の『道場町誌』は工事現場の様子を次のように記しています。

　「伊丹、三田、篠山、福知山に建設事務所を置いて明治30年に敷設工事が始まった。静かな山あいの生野にも大勢の人夫が出入りし、飯場が建ち、飲食物や日用品を調達するショシキヤ（諸式屋）と呼ばれた販売所も出来た。田畑や山仕事のみに従事していた地元や近在の人たちには、日銭を稼ぐ格好の働き場となった。石垣の積み石や、鉄橋の台座となる石材なども地蔵か谷やネブ谷から切り出された。

　生瀬〜道場間はこの路線のうちの最急勾配の区間で、また、川淵まで山が迫っている所が多いので工事は困難をきわめた。掘り崩した岩や土砂がすぐ川に落ちてしまうので、県会でも問題になり議長名で厳重注意を受けたこともあった。この区間のトンネルは12か所もあり、生瀬側から1号（正しくは2号…筆者注）・2号（3号）と始まり、生野の亀治側が12号トンネルと呼ばれた。そのトンネル工事も山腹に火薬をしかけて爆破する発破と手作業とで掘り進められ、仕上げには片側が細くなったレンガで巻き立てられた。このレンガは地元の早歩（生野と南所の境）で窯を作り、レンガ工が募集されて付近の

赤土で焼かれたものである」(『神戸市北区道場町誌』平成16年3月31日)。

生野に早歩坂と呼ばれる坂があり、それを上ると工場の寮があります。その裏は田園となっています。「早歩」の字名は住民から忘れ去られ、ここにレンガの窯があったかどうか確認はできません。

城山トンネル(2号)から長尾山第1トンネルにかけて使用されているレンガは長さ223㎜×幅110㎜×厚さ73㎜と一般のものよりやや大きく、長尾山第2トンネル以北では長さ210㎜×幅102㎜×厚さ55㎜の標準的な寸法のレンガが用いられています。地理的にはこの標準的なレンガが早歩で焼かれたことが想定できます。

トンネル工事と朝鮮人

日露戦争後、日本は1910(明治43)年に韓国を併合し、土地調査事業を実施しました。そのことにより小作農が増え、貧しい農民たちは、住み慣れた故郷を離れて満州や日本に移住したりしました。

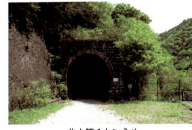

北山第1トンネル

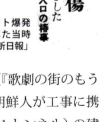

ダイナマイト爆発事故を報じた当時の「神戸又新日報」

「宝塚に朝鮮人が初めてその足跡をしるしたのは1914年頃」であると記述されています(『歌劇の街のもうひとつの歴史－宝塚と朝鮮人』)。阪鶴鉄道建設に朝鮮人が工事に携わったとは考えられませんが、新4号隧道(北山第1トンネル)の建設に従事したことは間違いありません。

北山第1トンネルの工事は1921(大正10)年に始まり、翌年に竣工しています。今はフェンスが張られ、通行することはできませんが、それ以前は武庫川河岸沿いに線路が敷設されていました。しかし、山の斜面が近く落石防止が困難であり、すぐ横は断崖であったために 新しくトンネルが造られたものと考えられています。この隧道工

事の時に朝鮮人労働者も携わり、犠牲になった人がいたと考えられます。ただほとんど記録に残っていません。

『神戸又新日報』〔夕刊〕(昭和4年3月28日：前頁記事)に「ダイナマイトが爆発し4名その場で死傷　雷管を焚火で乾燥さした　長尾山トンネル入口椿事」。『神戸新聞』〔夕刊〕(3月28日)には、長尾山第1トンネル入口(神崎起点15哩)で「これはまた亂暴千萬な！ダイナマイト火炙り果然2名惨死を遂げ3名重傷を負ふ川辺郡隧道工事場の椿事」。その他数名の負傷者がいたと記されています。旧福知山線工事に関連して、朝鮮人が犠牲になったただ一つの記録です。

旧福知山線工事、神戸市水道工事(千苅導水路の隧道工事)、武庫川河川改修工事など大規模な土木工事に、多くの朝鮮人が働き、地域の発展に少なからず寄与し貢献しました。しかし工事で亡くなった人々は忘れ去られ、荒れ果てた山中でひっそりと眠り続けています。

阪鶴鉄道と軍隊

阪鶴鉄道は第4師団大阪と第4海軍鎮守府舞鶴軍港を結ぶ軍事路線でもありました。舞鶴の海軍施設の建設が始まったのは、1897(明治30)年のことです。日清戦争後、ロシアが中国北東部から朝鮮に影響を拡大していました。1901(明治34)年10月1日に舞鶴鎮守府は開庁しました。しかし、京都鉄道による路線建設は進まず、鉄道作業局が建設作業を開始し、1904(明治37)年11月3日に福知山～新舞鶴間が開業しました。これにより大阪～新舞鶴間が1日4往復5時間30分で結ばれました。

1898(明治31)年、福知山の新兵営に歩兵第20連隊が移設。1907年、篠山には歩

新舞鶴(現、東舞鶴)駅と中舞鶴駅をつないだ北吸トンネル

兵70連隊が創設されます。阪鶴鉄道はこれらの兵営を連結し、また、福知山・和田山を経て播但線で第10師団姫路とつなぐ軍事鉄道でもあったのです。
　「商工業の中心たる大阪より直ちに舞鶴軍港に達する鉄道敷設の軍事上および経済上国家の為に一日もむだにすべからず…」(明治32年12月11日　阪鶴鉄道株式会社社長　南清)と当時の逓信大臣に意見書を提出しています。
　鉄道は各地に駐屯する部隊の兵士や兵器・物資などを迅速に大量輸送する陸送手段でした。また、見送る人々で埋めつくされた駅のプラットホーム、打ち振られる日の丸の旗と万歳の声、兵士を満載した列車。戦地への出征風景は、鉄道と一体化していました。

従軍日誌　出征風景

　昭和19年4月4日：予定より早く1時半に目がさめる。然しまだ早い。2時半に起床する。風呂敷包みの再点検。3時半には忠彦を残して全員起床。直ちにしばしの別れの盃をなす。4時半より近所、友達に粗末乍ら飯、酒出すも、まだ早いこととてあまり人が見えぬ。時間は段々出発時刻5時に近づく。友達数名、近所20名も揃った。ただし町内会長は来ぬけれど、挨拶、万歳をして出発する。家族の者には何も言えぬ。何だか胸にこみ上げるものがある。
　相生駅は相当な人出である。足は相変わらず痛んで引きずりつつ、約30名の応召で相生駅も大混雑である。健吉さんが付き添ってくれる。相生高女生も大部分見送ってくれる。松下組では、利根、大村両君が付添。万歳で送られる身は又格別である。
　4月6日：城南練兵場で集合。約1700はあろう。乗車区分をなして、出発1時。途中面会人がおびただしい。血まなこになっている親・妻子に胸を打たれる。
　18輌の軍用列車に乗り込む。第7輌に乗る。君が代のレコードに全員起立して合唱終わると同時に汽車は動き始める。時に1時36分。ああ何という荘厳な場面であろう。初めて乗る軍用列車、覚悟はしていたものの何とも言い得ぬ感で胸一ぱい。一昨日歓呼の声に送られた相生駅、遥か我が家の祖先の霊に思わず脱帽、頭が下がる。列車は一路西へ西へ。

　　　　　　　　　鵜尾義憲〔編〕『鵜尾平五郎　従軍日誌』より

第3章
文学と武庫川・亦楽山荘

『万葉集』にみる武庫川

　万葉時代の武庫川や猪名川の河口付近には洲や干潟が形成され、数多くの洲鳥が餌を啄ばんでいました。鶴も飛来していました。二つの川にはさまれた広大な台地と氾濫原が、古代の猪名野です。笹や茅(ちがや)が茫漠と繁茂し、現在の国道171号にほぼ沿って、山陽道が東西に走っていました。西へ向かう旅人は有間山(ありま)、六甲山東部の有馬(ありま)付近を遠望しながら足を進めました。

甲山・六甲山系遠望（武庫川東岸より）

　　しなが鳥　猪名野(ゐなの)を来れば　有間山　夕霧(ゆふぎり)立ちぬ　宿りはなくて
　　　　　　　　　　　　　　　　　　　　　　　　　　　　（巻7－1140）

　「しなが鳥」はカイツブリの類。雌雄並んで泳いでいるので、「並(みな)」らぶと音が同じの「猪名(ゐな)」にかかる枕詞になります。猪名野の池や潟にもいたことでしょう。

　やがて武庫川の本流に出合います。橋が架かっていないので、浅瀬を徒歩や馬に乗ったまま渡ります。

　　武庫川(むこがは)の　水脈(みを)を速みか　赤駒(あかごま)の　足搔(あがたぎ)く激ちに
　　濡れにけるかも　　　　　　　　　　　　　　　　　　　　（巻7－1141）

　水の流れが激しいので、赤駒（栗毛色の馬）も人も流されまいと必死です。馬は搔(か)くように盛んに前足を動かしたので、水しぶきが立ちました。手綱をしっかりと握っている人は濡れてしまいました。

　武庫川の河口付近は川幅も広いので、「武庫の渡り」、舟の渡し場（小

さな泊り）があったと思われます。

　たまはやす　武庫の渡りに　天伝ふ　日の暮れ行けば
家をしそ思ふ　　　　　　　　　　　　　　　（巻17－3895）

「たまはやす」は「武庫」にかかる枕詞。海岸の美しさを褒め称えています。「天伝ふ」は「日」にかかる枕詞。
「務古の水門」は『日本書紀』巻第九の神功皇后条にも登場します。地形が変化しているので、武庫の湊（泊り）の位置はよく分かりませんが、津門神社が鎮座する西宮市津門付近と推定する説があります。

碑の左側面には「務古水門故地」とある

中世文学にみる武庫川

　平安時代後期になると武庫や猪名野は歌枕となり、歌は必ずしもその土地の実景を詠んでいるとは限らなくなります。都人が特定の地名に、イメージを共有して創作しました。『百人一首』58番歌の、次の歌がその典型です。

　有馬山　猪名の笹原　風吹けば　いでそよ人を　忘れやはする
　　　　　　　　　　　　　　　　大弐三位（『後拾遺和歌集』709）

　有馬温泉に行った人や武庫の沖合いを船で通った人は、体験を踏まえながら歌枕意識で武庫の地を詠んでいます。

　武庫川に　跡もとどめぬ　かほよ鳥　なく日も見えぬ
五月雨の頃
　　　　　　　　　　　　源家長（『夫木和歌抄』巻27－12560）

かほよ鳥は一説にはカッコウとも。鳴き声だけ聞こえています。

武庫川の流れ（下流域より）

　　武庫川に　跡もとどめぬ
　　川淀(かはよど)に　堰杭(ゐくひ)も見えぬ
　　五月雨の頃
　　　　　源家長（『千五百番歌合』759）

　これも五月雨の頃、水量が増して流れを塞き止める杭が、武庫川の淀みに見えなくなったというのです。

　　昨日(きのふ)われ　宿かりくらし　過(すぎ)てこし　昆陽(こや)の渡(わたり)は
　　かすみ隔てつ　　　　　　俊恵法師（『林葉和歌集』巻5－21）

　昆陽の地には、今も昆陽寺や昆陽の池があります。
　また武庫の川辺は、『太平記』巻第28に戦闘の舞台として登場します。観応2（1351）年2月26日、武庫川を渡った東の小堤で、高師直(こうのもろなお)・師泰(もろやす)兄弟は足利直義(あしかがただよし)方の上杉義憲(うえすぎよしのり)らに襲われ殺害されました。師直は三浦八郎左衛門(さえもん)に長刀で肩先から左の小脇まで切り付けられ、さらに重ねて打ちつけられたので逆さまに落馬しました。三浦は馬から跳び降り、すばやく師直の首を掻き切って、長刀の鋒(ほこ)に貫き差し上げました。2人が討たれた場所を、『園太暦(えんたいりゃく)』2月27日の条は「武庫川辺鷲林(じゅうりん)寺(じ)前」と記しています。

師直塚

　国道171号と県道42号（尼崎・宝塚線）の交差点近くの伊丹市池尻1丁

目に、「師直塚」が立っています。この石碑は1915（大正4）年に建立され、その後何度も移設を繰り返しました。

島崎藤村『山陰土産』の武庫川渓谷

　団塊の世代の人々までは福知山線にC57・D51などの蒸気機関車が走り、やがて無煙化でキハ10・キハ55・キハ47などの気動車、DF50・DE51などのディーゼル機関車が走っていたことを覚えているでしょう。国鉄で大阪や阪神間から篠山方面に出かけることは、旅そのものでした。1986年に複線電化して新線に切り替わるまで、武庫川渓谷は都会と田園地帯の境界域の感がしました。

　島崎藤村は紀行文『山陰土産』（『大阪朝日新聞』1927年7～9月）で、次のように記しています。

　「大阪から汽車で一時間半ばかり乗ってくうちに、はや私達はかなりの山間に分け入る思ひをした。同車した乗客のなかには、石のあらはれた渓流を窓の外に指さして見せて、それが武庫川であると私達に教へてくれる人もある。これからトンネル一つ過ぎると丹波の国であるとか。こゝはまだ摂津の中であるとか、そんなことを語り合ふのも汽車の旅らしい。」

　武田尾駅付近の武庫川渓谷を、蒸気機関車が車両を牽引しながらゆっくりと走る光景が目に見えます。藤村は渓谷美を堪能したことでしょう。乗客が話したこれから過ぎるトンネルは、道場駅手前の植山トンネル（隧道）ではなく、藍本駅と草野駅の間にある日出坂トンネルです。このトンネルの真上にある日出坂峠が、摂津国と丹波国の国境です。藍本駅に停車した時に、乗客が藤村に語っ

武庫川河川敷の野焼き（道場町生野）

1962年（藪花守提供）元湯旅館に掲示されていた旧線の写真（車武提供）

たのでしょう。

　藤村は続いて次のように記しています。

　「正午を過ぐるころに、藍本といふひなびた停車場を通って丹波の国に入った。まだ私達は半分大阪の宿にゐる気がしてあの関西風の格子戸や暗くはあるが清潔な座敷からいくらも離れて来てゐないやうな心地もしてゐたのに、眼に見るものは全くそれらとかけはなれた緑の世界であった。」

　大阪の町並み、北摂の青田、武庫川渓谷、丹波の山野へと車窓からの景色の変化に、藤村の旅心は躍りました。

笹部新太郎が精魂傾けた亦楽山荘

　ＪＲ武田尾駅から武庫川沿いの旧、福知山線の廃線跡を歩き、２つのトンネルを抜けると、1999年に宝塚市が里山公園「桜の園」として整備した亦楽山荘があります。笹部新太郎（1887－1978）はソメイヨシノが席捲する現状を憂え、ヤマザクラ・サトザクラを愛でて、生涯かけ桜の研究、資料収集、そして各地の桜の保全・管理・

植樹の指導に尽力しました。

1912（明治45）年、25歳の時に兄の栄太郎から武田尾の土地を譲り受け、桜の演習林を造園しました。亦楽山荘と命名した由来について、『亦楽山荘記録』（1929年2月25日）によれば、「武田尾の渓流区域全体の名称を種々考へては見たが、……偶ま、在っても生憎其語調が悪かったりなどして気に入らず、斯くして余り暇どるので」、『續國譯漢文大成蘇東坡詩集第一巻』（国民文庫刊行会、1928年）に収録されていた「於潜の令刁同年が野翁亭」の、次の詩句に我が意を得たというのです。

亦楽山荘前の親水広場

山翁亭を築いた山翁は山から出ないので山しか知らず、渓翁亭を築いた渓翁は渓にずっといるので渓しか知らない。ところが野翁亭

隔水亭と紅葉

を築いた野翁は渓と山との間を自由に行き来している。その楽しみはどこにあるかと尋ねると、「此間亦有楽（此の間亦た楽しみあり）」と答えました。笹部が武田尾の山と武庫川渓谷を愛でた心情が伝わってきます。

　笹部は自ら斧を振るって山路を開き、20年計画で開発、植林していこうと決意しました。亦楽山荘訪問者への案内状には、この地を「世界の中心」と呼び、「世界に路をつける」と記しています。手拭いの包み紙にも、「世界之中心」「亦楽山荘」の言葉が朱印で押されています。

　笹部は大正末期から武田尾に通い始め、手帳に残したメモ書きの最初は1928（昭和3）年6月5日、最後は1959年9月5日で、回数は千回をはるかに超えています（『櫻つれづれ』白鹿記念酒造博物館、2013年）。ただし清書した和綴じ仕様の記録には、1928年5月19日と25日の記述があります。

　笹部は日本各地で桜の育成指導や植樹を行ないました。1936（昭和11）年には大阪造幣局の通り抜けや奈良公園三社の森、1953年には西宮の越水浄水場・甲山・満池谷で指導しています。なかでも特筆すべき事業は、1960年に行なった、御母衣ダム建設で水没の危機にあった荘川桜（樹齢400年のエドヒガン）の移植です。1965年には吉野山に「頌桜碑」を建立しています。多くの功績を讃えて、1951年に大阪市民文化賞、1966年に神戸新聞平和賞、翌年には西宮市民文化賞が贈られました。

　福知山線廃線跡には新種の笹部桜も植えられています。また、西宮市植物生産研究センター＆花工房は、笹部が最も好んだヤマザクラを西宮権現平桜としてバイオ技術で蘇らせました。明治時代になって全国に拡がったソメイヨシノを、笹部は毛嫌いしました。オオシマザクラとエドヒガンの雑種の栽培品種ですが、オオシマザクラにはヤマザクラの遺伝子が1割ほど混じっていることが判明しました。笹部が生きていてこのことを知ったら、どのような気持ちになったでしょうか。

1979年に約5千点の「笹部さくら資料」は遺言によって西宮市に寄贈され、1982年には西宮市から白鹿記念酒造博物館に寄託されました。春の特別展は全館「笹部さくら資料」で"満開"となります。

笹部新太郎を魅了した山と渓谷

　武庫川渓谷はこんにちでも大雨が降ると、流域に災害をもたらすことがあります。亦楽山荘も台風や山津波で何度も被害を受けています。

　1938（昭和13）年7月の阪神大水害の時の様子を、自著『櫻男行状』（平凡社、1958年。新訂増補版　双流社、1991年）に、次のように記しています。「福知山線不通で山の被害情報もいく日もこなかった。そのうちに、どうやら渓流を中心に大きな流木と流石のために山形あらたまるといった程度の被害を受けたことが知れて、汽車の不通箇所は歩いて山へ行き、全くみる影もないまでに破壊された風致を惜しんだ。」それでも笹部は亦楽山荘で働いている園丁の前では、弱音を吐きませんでした。

　亦楽山荘訪問者に配布した1933（昭和8）年仲秋の挨拶状には、「山

武庫川渓谷と導水管（亦楽山荘より）

はまたとない靜觀の領域である。山はこゝろの故郷である。わたしが都会の人達に絶望して街に反くとき、山の小径はいつも私を待っている。……わたしはこの山、この溪が世にしられたる名を有たないのを憂ひとはせぬ。……秋とともに色づき初める山楓の陰を縫ふて、寂然不動の世界にわたし達本来の魂の素直さをとり戻す時が来た。山に行かう。」（前掲書に所収）

『亦楽山荘記録』には、次のような記述があります。笹部の心の世界が詩情あふれる言葉で表現されています。

「鶯（うぐいす）しきりに啼く。武庫川には河鹿（かじか）が来る前の前衛をつとめる。」（1930年4月14日）

「武田尾驛のプラットホームから見る土堤には月見草が初夏の夕暮に夢のやうに咲いて武庫川の河鹿暮れてゆく初夏の一日を惜（おしん）で鳴く。」（1930年5月8日）

「山櫻の花と葉との色の調和が何とも云へぬ美しさである。杜鵑（と けん）（ホトトギス…筆者注）時々啼く。此山櫻の美しさを見ては如何に苦しい財界の不景気をも忍で工事はせめて最初考へた通りに続け度い。と云ふ心持に成る。帰るときにも武庫川の河鹿は啼いて夢の世界に私達を誘ふ。」（1931年4月20日）

「中秋獨語……秋だ。山の秋が来た。溪の水は流れて止まない。潺々（せんせん）の響は生々流轉（せいせいるてん）の攝理（おし）を訓へる。霜に先立って散ってゆく落葉には閑かな安心がある。人の世の見苦しい衒気と執着が無い。秋陽を浴びて橿鳥（かしどり）（カケス…筆者注）が呼びかけてゐる。山へ行かう、そこには殘されたる一隅がある。山に行かう。そして、も一度静かに人間の姿を觀直（み）さう。昭和六年十月中浣」（1931年10月14日）

※『亦楽山荘記録』の記事検索には、白鹿記念酒造博物館学芸員の弾正原佐和さんの御教示を得ました。ルビは筆者が付けました。

水上勉『櫻守』ゆかりの鉱泉旅館―マルキ旅館と橋本櫻

　小説家の水上勉は1968年、81歳の笹部新太郎を取材訪問し、同年8月から12月にかけて『毎日新聞』〔夕刊〕に、「櫻守」と題して連

載しました。小説の中では、笹部は神戸の桜学者、竹部庸太郎のモデルになっていますが、水上はあえて彼を主人公とはせず、竹部に仕えた庭師の北弥吉の人生を

マルキ旅館（2014年8月撮影）

物語として展開しています。小説は事実を踏まえた創作であり、作家の心情の真実ですが、事実の真実ではありません。

　弥吉は奉公先の植木屋の先輩の肝いりで、武田尾の旅館の下働きをしていた園と結婚します。2人はその晩、武田尾や有馬の温泉旅館ではなく、弥吉の希望で「桜山の番小屋」に泊りました。

　武庫川渓谷や亦楽山荘の描写は、「櫻守」にはそれほど多くは登場しません。旅館では「たまや」が小説の舞台になっています。

　「武田尾は武庫川に沿うた古い鉱泉村で『たまや』のほかに、『河鹿荘』『武庫川館』『やまだ』といった古宿があった。駅を降りて、だらだら坂の町をはずれると、すぐ橋がかかっていたが、『たまや』はこの橋をわたって、対岸の土手を一町ほど上流に行った所にある。」

　水上は取材のため笹部と西宮市の甲陽園にあった料亭「はり半」で対談しましたが、高齢で足が悪かったため亦楽山荘には同行できませんでした。水上は南野三郎（元西宮市助役）や浅田柳一（元ジャーナリストの趣味人）らと出かけ、マルキ旅館で牡丹鍋を食べました。「たまや」はマルキ旅館をモデルにしています。

　笹部は亦楽山荘へ出かける時には日帰りが多く、鮎寿しとコーヒー牛乳を買って行きました。また、マルキ旅館ではなく橋本樓に、客人と宿泊したことがありました。『亦楽山荘記録』に記されています。

　「武田尾温泉橋本樓を五時に出でゝ山荘に行く。昨日とはうって変って今日は又案外に日和よく、野鳥しきりに啼く。比叡山行を加

へて第三回目の野鳥見學学實習で此道も大分分って来た。K君〔注…原文は漢字〕の登山を記念するためにレフレックスで撮影する。皐月ヶ丘と櫻ヶ丘とで鳥を観て、九時頃までに

赤楽山荘の紅葉

帰って朝食をする筈なのがとうとう鳥の調査と水中棲物の調査とで遅れて午前十一時橋本樓に帰る。」(1933年6月15日)

　元湯旅館館主の車武氏の話によれば、橋本樓(旅館)と柳屋(戦後は河鹿荘)は戦時下、営業を止めて医療団が入っていたといいます。

　『赤楽山荘記録』には、「武田尾温泉の旅館も三軒に減らされる。全部で五軒の内、橋本旅館一軒は既に廃業してゐるといふ。」(1943年10月27日)という記述が見られます。この三軒は元湯旅館・マルキ旅館・紅葉樓でしょう。建物が残っていた橋本樓は、1945年10月8日の台風20号(阿久根台風)によってマルキの旅館半ば以上と共に流されてしまいました。

　『赤楽山荘記録』『櫻男行状』と『櫻守』(新潮社、1969年。新潮文庫、1971年)を読みくらべながら「桜の園(赤楽山荘)」を散策しましょう。水上の麗筆を2ヶ所紹介しておきます。

　「滝といえば、みごとなもので、山は前述したように、二つのトンネルを抱いているので、二つの尾根が川へ落ちこんで扇子型にすぼまる谷に、頭上二十尺もある大岩が二つ嚙みあっていた。その頂上から、鶯いろの晒をかけ落したような、清澄な水が落ちてくる。もとより、下は大岩があり、岩と岩は、型のよい組みあわせをみせ、何段もの瀬をつくって下方へゆるやかに傾斜している。水はところどころに小滝をつくり、瀬をつくり、淵をつくりして、線路の下をくぐって武庫川へ落ちていた。」

「夕暮れであるから、武庫川をへだてた向い山には、温泉宿の湯けむりがたなびき、その峰の背中へ、陽が落ちかかる。空はうすあかね色に染まって、花は間近では、楓のみどりに浮いてみえたが、空を仰げば、まるでこれは朱に白綿をうかせたようであった。」

笹部新太郎と元湯旅館

元湯旅館は1887（明治20）年に開湯した、武田尾温泉の元祖です。1893（明治26）年に紅葉樓（現、紅葉館別庭あざれ）、そして1897（明治30）年に萬留喜樓（現、マルキ旅

雪の元湯旅館

館）が営業を始めるまで、この一軒の茅屋があるのみでした。大正初期に刊行された『有馬郡誌　巻下』（道場村、1929年）の571頁には、元湯のこんにち見られる最古の写真が掲載されています。渓流を挟んで左岸と右岸各々に、建物が1棟ずつあったことが分かります。両岸の建物は1938（昭和13）年7月のいわゆる阪神大水害で倒壊し、ここに保管していたそれまでの宿帳などすべての資料が流出しました。当時使用していた金庫はかろうじて残りましたが、今でも開けると砂が出てくると、車武さんが語っています。右岸の建物は1970年に建て替えられたものですが、現在は使用

旧武田尾駅（車武提供）

されていません。写真奥の滝と渓流のみが、往古と変わらない面影を残しています。

　武庫川右岸の現、西宮市側の旅館群の盛衰史は、資料が少ないため明確にはなっていません。笹部新太郎が書き残した『亦楽山荘記録』には、戦前の武田尾温泉の貴重な証言記録が見られます。笹部は夏の暑い日には亦楽山荘での作業の汗を流すため、冬の寒い日には身体を温めるために元湯に入り、帰りの列車の発車時刻を気にしながら日帰りしています。

　笹部の最初の記録の日付は1928（昭和3）年5月19日です。この年の元湯入湯は、この日の後、6月5日・7日・15日、7月7日・9日・12日・16日・27日、9月6日、10月25日・27日・11月28日、12月8日・11日の15回を数えていますが、記録のない1～3月にも入湯していたと思われます。7月2日は霞滝と満月滝との間を4回も往復して疲れたため、元湯まで足を延ばすことを止めて入湯を諦めています。12月5日は汽車の時間にせかされ、同月7日と14日も入湯していません。

　翌年は記録上、1月17日・23日・30日、2月8日・25日、3月13日・18日、4月13日・30日、6月17日・28日、7月12日、8月1日・4日・8日・12日・23日を、今のところ確認しています。1928年の記録から元湯に関わる興味深い記述（①～⑥）を要約して紹介しましょう。

① 6月15日、昨年の秋に会ったことのある見覚えのある老爺と、牛を世話している若い男に偶然出会い話をかわした。また、元湯に修繕に来ていた、

（武田尾奇勝）元湯温泉場（石戸信也『むかしの六甲・有馬』より）

新道筋の左官と名刺を交換した。

※ この日初めて、帰路は宝塚で国鉄から阪急電車に乗り換え、西宮北口経由をとりました。記録がまだ書かれていなかった1927年の秋に、元湯に入湯していた証拠となっています。

② 7月7日、元湯の奥の別館の手摺りやガラス障子がよくなってきたと実感した。武田尾駅前で各旅館の客引きがまた出ていたが、

鮎子さ走る武庫川

　清流を泳ぐアユの群れを見ると、釣り人でなくとも心躍ります。万葉人の「春されば　我家(わぎへ)の里の　川門(かはと)には　鮎子さ走る　君待ちがてに」(巻5-860)の歌が思い浮かびます。

　鮎寿し好きの笹部新太郎は、武庫川渓流のアユに心を留めています。『亦楽山荘記録』には、次のような記述があります。しばし渓流風物を味わってみましょう。

① 1928年7月2日、……老爺は武庫川に鮎を放した結果がいゝので益々放さうと土地で云ふて居るとか談した。
② 1928年7月9日、今日は鮎が二百疋(ひき)もとれたとか云ふのと浴客らしい人達とでプラットホームは相當の賑はひを見せて居た。
③ 1929年2月7日、川の流れを或る地点までせいて鮎を上らせる計畫、……武田尾では珍しく要領よく談す。
④ 1930年11月12日、鮎はモー餌を喰はないらしいが鯉は未だ寄て来て居る。
⑤ 1931年3月5日、溜池の鮎は大雨のある毎に飛出したとかで一疋も居ない。現在の池では仕方がないが、今年の春は植木の植込と石積とで池はどうも出来ない。
⑥ 1931年6月1日、鮎漁解禁の日とて武庫川に五、六人鉤(はり)を垂れる人の姿を見る。

　1929年7月、山荘内の霞瀧の上の溜池で緋鯉の放飼を始めた記録は出てきますが、鮎の放飼のことは出てきません。

武庫川の鮎

駅前茶店に旅館組合としての明示看板が置いてあり、宝塚署の新署長の改革方針で客引きを本気で廃止するのかもしれないと思った。

現在の元湯旅館玄関

※ 客引きの弊害のため警察が介入したのでしょう。「驛勢鑑」(えきせいかん)(『角川地名大辞典』はこの資料を「武田尾駅資料」と命名)の「互ニ陥弄ヲ事トシ、閲牆ニ疲弊セントシツゝアリ。」(かんせい)を具体的に物語っています。

③ 7月9日、「浴客の一人がしきりに温泉の効能は確かだが、村がか一致しないのと、経営の方法か、悪い事を語て居た。」と記載している。

※ 旅館が団結せず足の引っ張り合いをしていたことは、浴客も認識していたのです。

④ 7月12日、元湯の番頭に県道はどこへ通ずるのかと訊くと、県の道という意味で、県が修繕するというくらいの意味だと答えた。

※ 県道は元湯旅館の入口まで通じていました。石戸信也『むかしの六甲・有馬－絵葉書で巡る天上のリゾート』(神戸総合出版センター、2011年)の105頁には、戦前の6葉組み？絵葉書の1葉である「(武田尾奇勝)元湯温泉場」が掲載されています。「入浴紀念武田温泉場」の瓢箪型スタンプが捺されています。この建物の東側の道が県道で、こんにちも細い路地のような痕跡があります。元湯の現在の玄関は北側にありますが、当時は東側にありました。この絵葉書は南側から建物東側を撮影したものです。上半身裸の男性が立っている場所が脱衣場で、その左手、西側に浴場がありました。

⑤ 7月27日、元湯に行ったら偶然ウルグアイ名誉領事に出会い、宿泊していた銀龍館別館でご馳走になった。

※ 車武氏の記憶に拠れば、銀龍館はのちに柳屋となり、さらに河鹿荘となって、経営者が替わっていきました。銀龍館は元湯の入口の門のすぐそばに位置しています。河鹿荘は現在、営業を停止しており、西宮市側では元湯しか営業していません。

⑥ 10月27日、梅子夫人と笹部の友人の3人で亦楽山荘へ行き、元湯に浸かった。

7月7日・9日・12日、列車が給水・給炭のため生瀬駅で停車している間に、笹部は山荘での昼食用に淡路屋の鮎寿しとコーヒー牛乳

を買っています。当時の鮎寿しは塩抜きをしているとは言え、辛かったため甘いコーヒー牛乳を飲んだのでしょう。乗り換えの宝塚駅で、最中（もなか）や桃李を買って行った記述もあります。

　戦争末期の1945年6月11日の記録に、元湯旅館の名称が登場する次のような最後の記載があります。「…（武田尾）驛の歩廊にしょんぼり獨りで汽車を待つ六十がらみの男、この辺は静かですかと僕に訊く。空襲で晝夜おとされてはやりきれない、躰が悪いのだといふ。これから元湯旅館の様子でも見て来るのだといふ。おそらく戦争をおそれての神経衰弱でゝもあらう。…」

　笹部は生涯どのくらいの回数、元湯を訪ねて温泉を楽しんだでしょうか。数百回に及んだに違いありません。

山崎豊子『晴着』の巌窟風呂（がんくつ）

　小説家山崎豊子（1924－2013）のファンならば、すぐに『白い巨塔』『不毛地帯』『大地の子』『沈まぬ太陽』などの大作が思い浮かぶでしょう。短編にも珠玉の作品があります。そ

巌窟温泉マルキ旅館

の一つ『晴着』（1966年「新潮」1月号）の主人公の志津は、夫の弟の清治と丹後の伊根から大阪へ駆け落ちしました。ある日、志津は2人の縁のもとになった晴着を、質屋から喪服と入れ替えて受け出し、病気で苦しむ夫を励ますために着飾ろうとしました。

　質屋からの足で銭湯へ行き、湯船につかりながら清治と行った武田尾温泉の湯殿を思い出します。この時、武田尾駅前の茶店でこの晴着に着替え、宿に逗留しました。小説は次のように描写しています。

武田尾のサル騒動

武庫川渓谷の山々には、サル・イノシシ・ウサギなど多くの野生動物が生息していました。園丁が丹精こめた桜や柿・栗の木はしばしば傷められました。サル退治の話が『亦楽山荘記録』に3件記されています。1942年8月12日・31日、10月28日の出来事です。

武庫川渓谷を望む

8月12日の条には、2日前の10日、武田尾の猟師と大工を兼ね、亦楽山荘にも仕事で来たことのある男が、マルキ旅館と橋本樓との間にあった柿の木を喰べていたヤマザルを射殺したとあります。7貫目もあったと聞いています。

10月28日には、去年から散々悩まされてきた大ザルを亦楽山荘で射殺しています。笹部ら関係者3人は溜飲を下げ、興奮して仕事も手につきませんでした。20日余りサルに翻弄されましたが、ついにサル知恵に勝ったのです。園丁の1人は紅葉館（現、紅葉館別庭あざれ）の館主に退治したサルの写真撮影を頼みました。

『櫻男行状』（平凡社、1958年）にもこの話が記述されています。園丁の1人がサルの足の裏をながめて、「これではどんな木登りでもできるわけだ。」と感心すると、傍らの1人が「ああァ、勿体ない。これが地下足袋だったらなァ」と溜息をつきました。

また、『朝日新聞』の論説委員であった永井瓢斎（栄蔵）は、自ら描いた猿捕獲図に、次のような句を記しています。

　亦楽山荘主人　老猿を手捕にせる由　うけたまはりて
　猿に似た　人がでゝくる　夏山家

サル顔の屈強な男2人が仕留めた大猿を天秤棒に吊るして搬出する俳画には、面白みと哀れみがあります。「夏山家」は「なつさんげ」と詠んでみました。サルの遺体は隔水亭かそのすぐ下の倉庫に留置していたのでしょう。

山家は山小屋であると同時に、亦楽山荘そのものでもあるのです。サルにとっては山荘を含む武田尾の山々は、自分たちの棲家なのです。

1946年11月25日、笹部は里見三男（大阪高等医学専門学校教授）を亦楽山荘の観楓に招きました。里見は「武田尾の秋」と題して20首の短歌を詠み、自分の歌集である『如是山荘歌集』（如是山荘歌集刊行会、1965年）に収録し、短冊にも揮毫しています。そのなかに山猿の歌があります。

　栗みのる　秋としなれば　山猿は　昼を来あそぶ　子猿とつれて
　※短冊の末句は「その子とつれて」。

以上紹介した俳画や短冊は、「笹部さくら資料室」に寄託されています。自然界の動物たちとの共生は、こんにちの課題でもあります。日本各地で、シカやイノシシ・クマなどが里山、さらに市街地にも出没する事態が起っています。笹部は戦中から戦後の混乱期、サルならぬ傍若無人なハイカーや山荒らしの盗人に、もっと憤りを覚えました。

「山峡(やまかい)の辺鄙な温泉地はひっそりと静まりかえり、通りを歩いていても、温泉の湯の音が聞こえるようだ。……風呂場は岩肌に囲まれた五坪ほどの混浴の湯殿で、裸電球がぶら下っているだけだった。人影はなく、湯殿から岩を嚙む渓流が白く見え、渓流の向うに真っ黒な山影がたち塞がるように迫っていた。」

この岩肌に囲まれた湯殿は、マルキ旅館の巖

巌窟風呂の痕跡

窟風呂です。建て替え工事のため2016年に解体されましたが、小判型の一般湯船の傍ら奥にあった巌窟は痕跡が残っています。かつ

マルキ旅館と武庫川渓谷（2013年7月30日撮影）

て入り口正面上部には、大きな㊑の文字の御影石の彫刻や、様々な表情の達磨の手焼きのタイルの装飾がありました。渓流と道路をまたいで、本館と巌窟風呂を結ぶオーヴァー＝ブリッジ（渡り廊下）には、「巌窟温泉　㊑旅館」の大きな文字が目立つように書かれていました。

　小説では、湯治客が混む夏を過ぎた時期であったため、宿の客は志津と清治の2人だけでした。それで巌窟風呂が貸切りになったのです。

　こんにちでは家族連れやハイカーで賑わう武田尾ですが、かつては人目を忍ぶ男女が近場で不便さゆえに訪れていたのでしょう。元湯旅館の番頭が笹部新太郎に、「此温泉は道路などがよく成ては連込みが来なくなるから衰へる」（『亦楽山荘記録』1928年7月12日）と話しています。また、『神戸新聞』（1939年1月30日）には、マルキ旅館に2泊していた若い男女が8号トンネル付近で列車に飛び込んだ、「武田尾心中」の小さな記事が載っています。この事件当日の29日、笹部は事件現場を通ったので、その有様を記しています。山峡の温泉の一面を物語っています。

　さて小説では、志津は晴着に着替え病床の清治に見せようとして襖を開けると、清治は蒲団から体を乗り出したまま、両手を襖の方へ向けてすでに息絶えていました。

有川浩『阪急電車』とオブジェ「生」

　小説『阪急電車』は、阪急電車今津線の宝塚駅と西宮北口駅の8駅往復16話からなる短編小説です。雑誌『papyrus』11号（2007年2月）〜16号（12月）に連載され、単行本（幻冬舎、2008年）と文庫（2010年）は大ベストセラーになりました。そして2011年には「阪急電車片道15分の奇跡」として映画化されました。2匹目のドジョウをと思った鉄道会社もあったと言われていますが、今津線だから絵になったのです。

　この第1話「西宮北口方面行き‐宝塚駅」に、武庫川中洲に製作されたオブジェ「生」が登場します。サラリーマンの征志（まさし）が借出本をめぐって、宝塚中央図書館で偶然見知ったユキとの恋物語。宝塚南口駅手前の鉄橋で、電車の中から中洲のオブジェを見て、会話が始ま

与謝野晶子の歌碑

　歌人の与謝野晶子は『歌劇』創刊号（1918年8月）に、「武庫川の夕」と題する3首の短歌を寄稿しています。

武庫川の　板の橋をば
ぬらすなり　かじかの声も
月の光も

夕風は　浅瀬の波を
しろく吹き　山をばおもき
墨いろに吹く

風吹けば　夜の川波に
早がきの　文字かく灯かな
湯の窓にして

与謝野晶子の歌碑

　彼女は夫の与謝野鉄幹と1917（大正6）年6月に宝塚を訪れ、宝来橋付近で詠みました。橋の南詰めに、最初の歌の歌碑が建立されています。

ります。

「『生』 その一字が決して小さくない中洲の面積をほとんど使い切るほどの大きさで書かれて——というか、積まれていたのである。つまり、石を積んでその文字を立体的に造型してあるのだ。バランスといい大きさといい、見事なまでのオブジェとなっている。」（文中解説）

オブジェ「生」

　このオブジェは阪神・淡路大震災から10年目の2005年に、大野良平が「街と人の心の再生」をテーマに創作したのです。縦約25メートル、横約14メートルほどの大きさでしたが、翌年に増水で流出しました。以後何度も造り直しては流出を繰り返し、2016年12月18日には7代目が修復され8代目となりました。形あるものはいつかは消えていく運命なのですが、何度も復活させることで、震災を忘れず不屈の思いを伝え続けているのです。1月16日には、オブジェを懐中電灯で照らして犠牲者を追悼しました。

　小説の「そして、折り返し。宝塚駅」では、オブジェは征史とユキの「縁結びの神様、中洲の神様」となりましたが、この時には補修された2代目はまたもや流出して、ただの中洲になってしまっています。

第 4 章

武庫川渓谷の生い立ちと周辺の地質

武庫川の流域の不思議

　一般的な河川は上流ほど急になり、下流ほどゆるやかに流れます。武庫川はそうではない不思議な川です。下流からさかのぼると、大阪湾に注ぐ下流部は大阪平野の西部に当たる尼崎と西宮の低地や伊丹台地を流れるので、ゆったりと流れます。宝塚より北では北摂山地を横切る武庫川渓谷の急流が中流域にあります。その上流部は起伏の少ない三田盆地を南北に横切るようにゆったりと流れ、やがて最上流の篠山盆地に行きつきます。

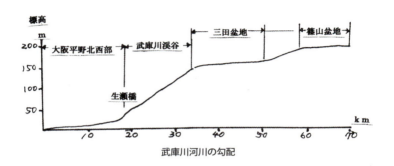

武庫川河川の勾配

武庫川と篠山川の争奪の舞台

　篠山盆地の入り口に当たるＪＲ篠山口駅付近に兵庫県一の河川で播磨灘に注ぐ加古川の支流に当たる安田川と武庫川の谷中分水界があります。

　ここはかつて篠山川と武庫川との河川争奪の舞台でした。現在は丹波山地の水を集めて加古川に合流する篠山川は、3万年前までは武庫川の上流部を構成していました。

田松川水門（谷中分水界）で武庫川水系と加古川水系に分かれる

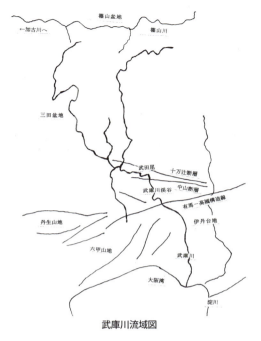

武庫川流域図

古い武庫川が運び出した土砂によって堰き止められた流れは、やがて加古川の支流となったと考えられています。丹波山地、篠山盆地を流域とする篠山川を上流部とした古い武庫川の水量は現在よりもはるかに豊かであったと考えられます。当然、武庫川渓谷での侵食力も大きかったことでしょう。

北摂山地の地質

　宝塚市、川西市、池田市、箕面市の北部に連なる山々は、北摂山地とよばれています。箕面や池田の山地には古生代〜中生代の地層である丹波層群が分布しているのに対し、武庫川流域の山地は中生代白亜紀の有馬層群の岩石と新生代第三紀の神戸層群が分布しています。

　武庫川が平野部に出る屈曲部にあたる生瀬から北の青葉台や長尾山霊園周辺には、3500万年前の神戸層群が有馬層群を不整合におおって分布しています。神戸層群は三田地方や神戸市須磨区・北区に広く分布していますが、有馬層群の分布する山地のところどころに狭い範囲でみることができます。かつては広く神戸層群でおおわれていたと考えることができます。

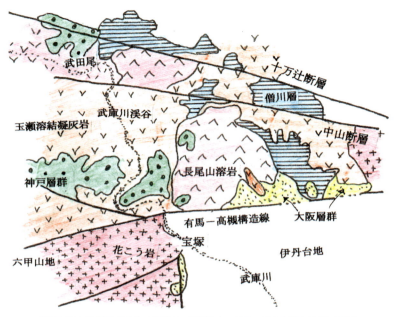

北摂山地の地質図（『日本の地質6　近畿地方』1987、共立出版を参考に編集）

7000万年前の火山活動の産物

　有馬層群がつくられたのは7000万年前であり、当時はまだ日本列島が存在しませんでした。アジア大陸の東端の広い範囲で激しい火山活動が起こりました。その噴出物によってできたのが有馬層群の流紋岩質の岩石です。2000万年前までは大陸の一部であった場所の地塊が東に移動、日本海が拡大して、現在の日本列島の位置に来たのは1500万年前

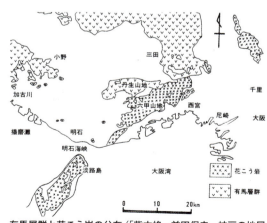

有馬層群と花こう岩の分布（「胄本格・前田保夫、神戸の地層を読む2、神戸市教育研究所、1989」）

のことです。

　有馬層群と同じ時代の火山噴出物は西日本の広い範囲に分布していて、各地でそれぞれの地域名があり、中部地方のものは濃飛流紋岩類、姫路・相生・生野付近のものは生野層群、宝塚・西宮・神戸のものは有馬層群と呼ばれています。

花こう岩と流紋岩

　火山噴出物は、地下100㎞ほどの深さでできたマグマが、地表にまで上がってきて噴出したものです。二酸化ケイ素の多い花こう岩質マグマが地表に流れて固まった火山岩が流紋岩です。マグマは割れ目に沿って上昇し、地下数キロの深さでマグマだまりをつくりますが、そのままゆっくりと時間をかけて冷えると深成岩である花こう岩ができます。

左から溶結凝灰岩、流紋岩、花こう岩

　北摂山地の西側に連なる六甲山地は花こう岩でできていますが、有馬層群をつくった火山活動と同じ時期に地下にあったマグマが固まってできたものです。

カルデラ湖に堆積した地層

　この地域の有馬層群は厚さが2000mにも達し、その岩相と分布から直径10数キロものカルデラ火山がいくつもあったと推定されています。有馬層群の下部にあたる僧川層はそのカルデラ湖にたまった泥岩・砂岩・レキ岩層ですが、武田尾の北方や清荒神付近に分布しています。

　長尾山から中山にかけての地域には、マグマが地表に流れ出して固まった溶岩が分布しています。長尾山溶岩と呼ばれています。

火砕流堆積物

武庫川渓谷で見ることのできる岩石は流紋岩質溶結凝灰岩であり、玉瀬溶結凝灰岩層と名付けられ、有馬層群の中位に位置する地層です。これは道場町から有馬、丹生山地にかけて広く分布しています。

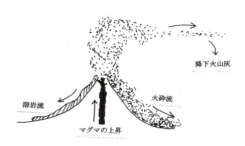

溶岩流と火砕流、火山灰の関係

溶結凝灰岩は大規模な噴火によって発生した火砕流の堆積物です。堆積物の熱と圧力で、溶融し圧縮されてできた緻密な岩石です。マグマ由来の固体成分と気体成分が混然となって斜面を流れ落ちる現象である火砕流が固まったのが溶結凝灰岩です。

武庫川渓谷の玉瀬溶結凝灰岩は灰色の火山灰の緻密な基地のなかに白色の長石や石英の結晶、岩片や軽石を含んでいます。

武庫川渓谷の岩石は7千万年前の火砕流堆積物で溶結凝灰岩

この硬く締まった溶結凝灰岩は、風化しにくく侵食も受けにくい岩石です。かつては相当の水量で侵食力も大きかったと思われる武庫川に、切り立った崖の幅の狭い渓谷が形成されたカギはこの岩石の性質にあると言えるでしょう。

武庫川は北摂山地の先行河川

　武庫川は三田盆地と大阪平野を結ぶ河川です。神戸市から芦屋市、西宮市の背後に30キロにわたって連なってきた六甲山地は武庫川で途切れます。武庫川を渡って東側は北摂山地となります。

　山地が隆起する前から存在した河川の浸食量が隆起量に打ち勝って、山地を横断するようになっているのが先行河川です。武庫川は六甲山地－北摂山地の高まりを横切る先行河川です。

　「ひょうごの地形・地質・自然景観」でレッド・データCランク、【先行河川・穿入蛇行】として武庫川渓谷が指定されています。

六甲変動と北摂山地の隆起

　武庫川渓谷が横断する北摂山地はいつ隆起を始めたのでしょうか。

　六甲山地は西宮市の甲山周辺の地層の分布などから、100万年前から隆起を始めたと考えられています。そして山頂付近にかつての丘陵の平坦面（隆起準平原）を残しています。隆起準平原を持たない北摂山地は六甲山地よりも前（100万年～200万年前）から隆起を始

武庫川渓谷の景観

めたのではないでしょうか。

　六甲山地を模式地として明らかになった新しい時代（第四紀後半）の地殻変動は、六甲変動と呼ばれています。六甲変動は100万年前から始まり、50万年前から活発化し、現在も継続中の激しい変動です。

地震は変動のひとコマ

　1995年兵庫県南部地震は、淡路島から六甲山地にかけて伸びる活断層が動くことによって発生した、六甲変動のひとこまであったと言えます。

　北摂山地は伊丹台地と直線的に接しています。この東西に延びるラインは有馬－高槻構造線とよばれる大断層です。白水峡や蓬莱峡の悪地形（バッドランド）に示される幅数百mに及ぶ断層破砕帯を伴った断層は高槻まで続きます。

　この活断層も六甲変動の傷跡であり、過去にたびたび地震を起こしながら動いてきたし、今後も動く断層なのです。生瀬駅から武庫川渓谷に向かう道筋で太多田川を横切ることになりますが、この小さな川は大断層がつくった断層谷です。100万年間の壮大な地殻変動を思い浮かべてみましょう。

太多田川は断層谷で六甲山地の花こう岩と有馬層群の流紋岩質の両方のレキが見られる

第5章

武庫川渓谷の自然と景観を守る運動

ハイキング道は子どもたちの「宝物」がいっぱい

　武庫川渓谷廃線敷きハイキング道は、子どもたちにとって宝物がいっぱいです。生瀬方面から歩いたとして、次の宝物を見つけましょう。

1．この道は、蒸気機関車が走っていた鉄道でした。蒸気機関車などが走っていた「証拠」をさがそう！　意外なものもあるよ。

　①枕木　　②鉄橋
　③石垣のスス（煤）
　④信号機台　⑤距離標識
　⑥レール（防護柵に利用）
　⑦トンネル
　⑧トンネルの天井の煤
　見つけましたか？　他にもあるかな？

ナガレホトケドジョウを発見（桜の園で）

2．この渓谷はどうしてできたのかな？
　・先にできたのは「山」（黒部峡型）？
　・それとも「川」（保津峡型）？

　川が先にできていて、その後峡谷部分が持ち上がって（隆起して）いきました。でも土地が上昇する速さより浸食するほうが速いので、山が高くなったら、その分深い谷ができました。このような川を「先行河川」と言います。保津川下りで有名な京都の保津峡も仲間ですよ。

3．川床に巨大な岩があります。高座岩と言います。昔この上で雨乞いのお祈りをしたという伝説があります。この高座岩はどこから来たでしょうか？
　ａ．元から川にあった川底の一部。
　ｂ．上流から洪水で流されて来た。
　ｃ．対岸の山の上から落ちて来た。

高座岩周辺川床を見ましょう。岩のかけらがありますね。対岸の絶壁を見ると今にも落ちそうな岩がありますね。みんなで推理しましょう。

4．北山第1トンネルの手前に来ました。ここは、ダムをつくる計画があったところです。どんな大きさのダムだったかな？

　神戸水源池の一つ、千苅ダムより
　a．大きい？
　b．小さい？

　計画では100年に一度の大洪水を防ぐためとして、堤の高さ73m、堤の長さ160mの穴開きダムを造る予定でした。このダムに水を溜めれば、上流の武田尾温泉のあたりまで水に浸かってしまうそうです。膨大なお金を使ってダムを造って自然を壊し生物を失う、という反対意見が住民や山の会、そして研究者から出されました。

　2011年に「ダムに頼らない総合治水」の方向で、「20年の武庫川河川整備計画」がつくられました。現在は総合力で洪水を防ぐための整備が行なわれています。

幻の武庫川ダム予定地だった

	堤の高さ	堤頂の長さ
千苅ダム	42.4 m	106.6 m
幻の武庫川ダム	73.0 m	160.0 m

5．この旧福知山線の廃線のトンネルは、ほとんどがレンガで造られています。ところが北山第1トンネルだけはレンガでなく、コンクリートでできています。なぜでしょうか？ トンネルの横の川べりにヒントが…。

　トンネルの横に柵がしてありますね。実は当初福知山線の線路は柵のところを通っていたのです。川床の方をのぞいてみると、崖の石垣などが崩れ落ちています。この柵の部分は危ないので、川から離れたところに新たにトンネルを掘ったのです。このトンネルを造るころにはレンガでなくコンクリートを使う時代になっていたのです。

北山第1トンネル前

6．線路の防護柵に古いレールが使われています。アルファベット文字と数字が書いてあるレールを探そう。この鉄道の生い立ちがわかるよ。

　レールの故郷もわかります。またいつ造られたかもわかります。
　・CARNAGIE（レールをつくった会社：カーネギー社）
　・HANKAKU（使った鉄道：阪鶴鉄道：のち国鉄福知山線）
　・1896（レールの製造年：日清戦争で賠償金を得たころ）
　　どうして日本の会社の名前がないのかな？　八幡製鉄所がつくられたのは1901年です。

CARNEGIE 1896 HANKAKU の刻印（元湯旅館所蔵）

7. 北山第2トンネルの長さを調べよう。トンネルの入り口と出口が見えなくなった所で、明かりを全部消してみよう。何が見えるかな？ みんなで協力して真っ暗体験をしよう。

北山第2トンネル

8. トンネルの退避壕をよく見てごらん。何か生き物がぶら下がっているよ。そうコウモリです。運がよければ、たくさん遇えるよ。

9. 赤い鉄橋を渡りましょう。この鉄橋は2つの市をまたいでいます。橋を渡って、何市から何市に行ったのでしょう。

　西宮市から宝塚市に移りました。武庫川の川の真ん中が市の境になっています。

10. 長尾山第1トンネルの出口周辺は凹地になっています。誰が削ったのかな？
・鉄道工事の人？
・山からの水？
・武庫川の水？

　洪水の時に武庫川の水位がこの鉄道敷きまで来て、濁流が削ってしまいました。トンネル内を流れ、鉄橋の手前で川に戻ったようです。

11. 親水広場で遊ぼう
　①平たい石で水切り。
　②茶・青・黒など色別石集め。石で上流がわかるよ。
　③「桜の園」の沢でサワガニさがし。

このように、ハイキング道は、子どもたちの宝ものがいっぱいですよ。

水切りをして遊ぶ子どもたち

枕木を数えてみましょう

武庫川渓谷と水害

　武庫川は篠山市の南部、田松川と真南条との合流したところを起点として三田盆地を経て、阪神市街地を貫流して大阪湾に注ぎ込む流路延長65.7ｋｍの川です。

　また武庫川は水の流れが遅い川です。このため上流から河口まで、昔から洪水の被害が絶えませんでした。

　川の流れが遅い理由は三つあります。

　一つ目は、上流部の傾斜が大変緩やかだということです。源流から三田盆地まで30ｋｍの標高差が150ｍです。たいていの川は源流部が急峻な山で、急流が渓谷を下ります。これに対して、武庫川は、川の出だしがゆったりとした流れであるのが特徴です。

　このように、上流部でも流れが緩やかなため、川が蛇行していて、三田盆地（日出坂地区、曲地区など）でも洪水が頻繁に起こりました。

　二つ目は、中流部に渓谷（武田尾渓谷＝武庫川渓谷）という狭さく部があって、流れをせき止めていることです。三田盆地から細い渓谷に入るので、水位は急に上昇します。とりわけ1990年代の三田市の住宅開発によって、丘陵部の森林や流域の水田の多くを失ない、大雨が降れば一気に武庫川に流れ込むようになりました。2014年８月台風11号の洪水の時には、道場地区や武田尾地区では最高７ｍから８ｍの水位になりました。この時下流の甲武橋では４ｍでした。

渓谷部は増水の変動が大きく出るのです。その結果武田尾温泉や旧、武田尾駅周辺の茶店や民家は流水でえぐられて大変な被害となりました。この1週間後の丹波豪雨でも同様な被害がありました。この時だけでなく、1938（昭和13）年の阪神大水害でも、2004年の台風23号でも同じような被害に遭いました。

　武庫川渓谷が天然のダムとなって川の流れを緩やかにしているのです。それは大雨が降れば、渓谷の水位を上げて渓谷の水害を大きくすることになります。

　三つ目は、緩やかな流れの武庫川本流に、標高差のある六甲山系からの支流が直角に流れ込み、本流の流れを妨げるのです。有馬川と武庫川の合流点も、かつては武庫川と有馬川が直交し、流れの緩やかな武庫川本流をせき止め川上が洪水になることが多くありました。今は有馬川が曲げられ平行に合流するようにされています。また渓谷の出口にある、名塩川や大多田川も同じことが言えます。とりわけ、大多田川は六甲断層の破砕帯を流れるので、流出土石流も多く合流域では水害が多発しました。名塩町木之元の旧リバーサイド住宅の度重なる水害も名塩川や大多田川の流入が要因の一つでしょう。

　宝塚の僧川は六甲山系ではありませんが、2014年の丹波豪雨で武庫川に激流が流れ込み、逆流して武田尾（玉瀬）地区を襲いました。

　宝塚市の逆瀬川も武庫川と直交し、川がせき止められ逆流して「逆巻く」ことから名前が付けられたと言われています。

　こうして、地形的に川の流れが遅い武庫川に、近代以降の工事で、もう二つ流れを遅くする条件を作ってしまいました。

　一つは、明治期まではＪＲ線の下流から枝

甲武橋から下流の武庫川河川敷を見る（2014年8月10日撮影）

川という支流が流れていたのですが、河川改修工事で廃川にしてしまったことです。堤防のかさ上げ工事はされましたが、川幅は枝川に分かれていた時と変わりません。阪神電車

潮止め堰と阪神電車武庫川駅

の鉄橋は明治末のままの川幅です。普通の川は下流部になると川幅が広くなるか、枝分かれするか、どちらかです。すなわち武庫川の下流は2本あった川を1本にして流れているのです。川の出口（河口部）が自然の川に比べて狭い川になっているのです。

　もう一つは、1980年代に阪神電車鉄橋の下流に潮止め堰がつくられたことです。これにより河口部の流れが妨げられることになりました。また、下流域に床止め堰が8つもつくられていることも、川の流れが緩やかにされている原因でしょう。

　豪雨が頻発している現在、常総市鬼怒川の決壊や岩手県岩泉町の洪水はよそ事ではありません。

　川の流路を広げたり、川底を掘削したり、堤防を補強したり、潮留堰を撤去したりして、人工的につくった「河口部の流れにくさ」（流下能力の低下）に対しては、緊急に対策をとってほしいものです。

洪水後の武田尾（2004年、車武撮影）

武田尾温泉と洪水（2004年、車武撮影）

《資料編》

阪鶴鉄道敷設年表

武庫川流域の災害の歴史（昭和年代）

『赤楽山荘記録』に見る大水害の記録
  （1）新温泉橋の建設
  （2）1938年の阪神大水害
  （3）阿久根台風被害

楽譜
  （1）阪鶴鉄道唱歌1
  （2）阪鶴鉄道唱歌2
  （3）合唱組曲「武庫川」

千苅ダムに沈んだ村の絵

参考文献

阪鶴鉄道敷設年表

年代	鉄道及阪鶴鉄道・国鉄福知山線
1889	横須賀まで鉄道開通 佐世保村（第3海軍区）・呉（第2海軍区）に鎮守府が開庁 舞鶴に第4海軍区鎮守府設置を決定
1893	京都—舞鶴案と土山—舞鶴案が比較検討 京都—舞鶴案に決定
1894	京都鉄道：京都—舞鶴間免許付与 阪鶴鉄道：大阪—福知山間、免許が付与
1896	鉄道大隊設置
1898	佐世保までの鉄道開通
1899	神崎—福知山南口間開通

年代	鉄道及阪鶴鉄道・国鉄福知山線
1901	舞鶴鎮守府開庁
1902	鉄道作業局：園部—舞鶴間、綾部—福知山間の建設
1903	呉—廣島開通：連合艦隊が編制 鉄道作業局：福知山—新舞鶴（東舞鶴）
1904	舞鶴—海舞鶴：舞鶴海岸線 新舞鶴—舞鶴軍港引込線着工 福知山—新舞鶴間開業 大阪—新舞鶴：5時間30分：4往復
1907	国有化→国鉄阪鶴線→福知山線へ
1986	生瀬駅—武田尾駅—道場駅→廃線 西宮名塩駅新設

武庫川流域の災害の歴史（昭和年代）

年月日	災害種目	被害状況と西宮市	備考
S.9.9.21	室戸台風	死者25名 全壊・流失	三田122㎜
S.13.7.3-5	梅雨前線	死者925人（西宮市4名 浸水14300戸） 武田尾温泉の旅館3軒が土砂に埋没	阪神大水害 西宮363㎜
S.20.10.8	阿久根台風	武田尾温泉の旅館2戸流出 福知山線は約1ヵ月不通	三田245㎜
S.25.9.3	ジェーン台風	死者240名（西宮市2名）	冠水443町歩
S.42.7.9	豪雨	死者371名（西宮市6名）	西宮206㎜
S.58.9.28	台風10号	死者48名（西宮市8名） リバーサイド住宅など 約1-2m浸水	降水量278.5㎜ 名塩300㎜
H.16.10.20	台風23号	リバーサイド住宅浸水 武田尾温橋の橋梁流失	
H.26.8.9	台風11号	武田尾温泉商店街浸水	西宮220㎜

＊『西宮市地域防災計画 資料編』（西宮市防災会議、平成28年11月21日）
『ダムのいらない総合的治水をめざす 武庫川渓谷の35.8保全とダム問題（ダム10問題研究会）
力武常次・竹田厚監修「日本の自然災害」国会資料編纂会 1998.4.5

甲武橋地点流量上位4洪水（第55回流域委員会資料5-3 奥西一夫委員）

1位 (S.36.6)	2位 (H.16.10)	3位 (S.58.9)	4位 (S.35.8)
3,510㎥／s	3,100㎥／s	2,960㎥／s	2,810㎥／s

『亦楽山荘記録』にみる大水害の記録

（1）新温泉橋の建設

　昭和年代以降も、武庫川流域はしばしば大水害にあいました。笹部新太郎が精魂こめて育んできた亦楽山荘も被害を免れることはできませんでした。『亦楽山荘記録』には武田尾の温泉橋の架橋工事や道路工事の記事が、昭和初期に登場します。入湯客の増加にともなう整備事業です。以下、記事抄を列記します。〔　〕は筆者割注。

旧武田尾駅の前にある温泉橋

温泉橋の親柱

① 1931（昭和6）年11月19日

　三時半から久しぶりに温泉の方に散歩して見る。橋本〔樓〕の入口の川岸の土地には仮処分の立札が立っている。此処からまるき旅館までの間コンクリートの補装道路面工事をやってゐる。

② 1933（昭和8）年1月22日

　午後になって春のやうな静かな山にドーン、ドーンと大きな響きが聞える。……昨年末から着手してゐると云ふ武庫川に不流失の架橋と武庫川右岸の開路の準備工事として温泉橋附近の岩石を砕いてゐるのだとか云ふ。

③ 1月30日

　山荘に直接関係も無いが其後武庫川の右岸開路工事は怎うなって居るのか人夫の話計りでは頼りないので行て見る。温泉橋の仮橋詰から下流へ二間〔約3.7ｍ〕幅の道路が弐十間計り出来てゐて其下流の大きな岩の処を十六七人で割ってゐる。総勢二十人までの人夫で工事もさして捗ってはゐないが、ともかくも風評計りの村に初めて

工事を見た訳である。
④1934（昭和9）年1月7日

　駅前の武庫川架橋工事は大勢で続けてゐる。……駅長室に宿屋の主人連が集合談合してゐる。

　以上の史料から、コンクリート製の新しい温泉橋の架橋工事と右岸の道路工事が、セットとなって同時に進行していたことが分かります。

　紅葉館と橋本樓の間には狭い橋がかかっていましたが、駅からの入湯客は温泉橋を利用していたので、右岸の道路の拡幅工事もこの時なされたのです。橋本樓があった橋の西詰めからマルキ旅館までの道が舗装されたことも分かります。左岸の紅葉館へは武田尾橋を渡りました。武庫川を再度渡河したのです。

　新しい温泉橋は1934年2月に完成しました。現在も使用されている親柱に、「昭和九年二月架」（両岸）、「おんせんはし」（宝塚側）、「温泉橋」（西宮側）の刻字が読み取れます。出水に強いコンクリート製の架橋は、温泉街発展の切り札でした。④の史料によって、商売敵の旅館の館主たちが、駅と一体となって協力して、観光業を進めようとしたことが分かります。『亦楽山荘記録』の次の記事は、このことを物語っています。新橋の完成は、武田尾温泉史の画期をなしたといえるでしょう。

⑤1934（昭和9）年4月3日

　武田尾に初めて電話が開通して㊤旅館、橋本、柳屋の三軒が加入したとの事である。

（2）1938年の阪神大水害

　1938（昭和13）年7月3日から5日にかけて、梅雨前線による大

3軒の旅館が土砂に埋まった（上流から撮影、車武提供）

雨が神戸・阪神間に降りました。浸水や土石流によって未曾有の大災害をもたらしました。1937年7月7日に日中戦争が始まって1年目の出来事でした。各新聞はその惨状を報道していますが、神戸・

洪水後の武田尾温泉（土砂に埋まった旅館）

阪神間以外の地域はほとんど取り上げられていません。有馬温泉の被害状況は『大阪朝日新聞』（神戸版、7月9日）に報道されていますが、武田尾温泉については他紙にもありません。

『大阪朝日新聞』（7月6日）は、武庫川渓谷の福知山線の「生瀬─武田尾間に土砂崩潰あり、開通の見込みなく各列車は折返し運転中」と報道し、『大阪毎日新聞』（7月6日）は、「宝塚武田尾間は開通見込不明、武田尾以西は折返し運転」と報道しています。

武庫川渓谷・武田尾の被害状況を伝える史料がほとんどないなか、笹部新太郎の『亦楽山荘記録』は貴重な証言史料です。笹部は福知山線が武田尾の新田川手前の仮駅舎まで開通したので、7月16日に亦楽山荘を訪れています。その日の記述の「前記」には、自分で確かめた亦楽山荘の被害の概要と、新聞記事による阪神大水害の概要が記されています。以下、関連する箇所を紹介しましょう。人名はアルファベット表記にし、句読点とルビ

洪水後の武田尾温泉（倒壊した家屋）

を適宜付けましたが、以下の史料は原文通り文頭揃えのままとしました。明らかな誤記は（　）で訂正しています。

前記
昭和十三年七月五日午前九時より全山の渓流及瀑布連日の豪雨（僕の生れてからこれ位の多量の雨の間断なく降り續いたことを知らぬので、此文字以外に適当な字を使いたいところだが知らぬので、たゞ豪雨とする）のため大破壊し沿道及附近の樹木、植付のものは勿論自生のものも悉く流失。
橋梁も僕の架けた十三ヶ處悉く流失。
隔水亭、表門等も流失。
處々に小さな山崩あり。
椿の水、導管溜池上まで流失。
溜池流失。
第一果樹畠の里桜等廿数本倒る。

此日福知山線不通となりし外、阪神間の交通全部杜絶。
武庫郡芦屋、住吉、等の山津浪激烈を極め神戸市内又大山津浪あり。
死者兵庫県下ゝ五百以上を数へ、行衛不明又五百を算し、住吉川の流石の内周囲三十八尺六千貫を算するものありと云ふ。
先きに関東、土浦方面。東京市中に大水害あり、東海道線不通と云ふに加へて関西又この事あり。新聞紙の記事も事局の為にや詳細を待へず。
福知山線の普通は恢復中ゝ容易ならず、廿壱日に至りて辛じて開通漸く内に旧に復す。
・未曽有の水害調査
昭和十三年七月拾六日（土曜日、晴むし暑し）
随分長く不通であった福知山線も武田尾で折返し運轉ながらどうにか開通したので、今日までに行かうと思ってゐたがA.Y.君が是非とも行き度いと云ふので、A君の都合のつく日として此日、未曽有の

水害以来初めて山荘の姿を見る。
汽車の時局(刻)表か追返し運轉のために変ってゐて八時二十分大阪發車となってゐる。案外にも大変な乗客で雑沓する。
車窓から見る途中殊に武庫川流域など思ったよりも被害が少い。たゞ岩石の面が砂で磨かれて白く光ってゐる。
追て六號トンネルを越えて山荘入口に近付くに従っていやな焦慮を覚えた。
さて入口を車窓から見ると予想したよりは遙かに甚しい破壊である。石、砂、流木…。
汽車は新田川の土木屋Mの家の處の鉄橋手前に仮プラットが出来てゐて、こゝにテント張りの休憩所があって徒歩連絡をしてゐる。
武田尾には全く縁のない赤帽が二人も忙しく走りまはってゐる。乗客も列車の数が少いのと洪水の直後とで甚だしく多い。珍風景である。
中津町の貸家に居たとか云う駅員（大阪）が臨時應援とかで、助役代理をしてゐて便宜を計って呉れた。
先づ新田川に僅か架けてゐた長橋は流失して、鉄道の方で更らに架けたものを旅客は渡ってゐる。
鉄道を歩いて途中鉄道と交叉する小渓流の小橋梁は、全部レールで頑丈な補強工事が施されてある。
山荘の入口は全く元の面影はなく、鉄道を越えて武庫川沿の方は土砂が甚しく流失してゐる。
見覚えのある門柱の頂点が辛じて流木と石との間から見える。それも一本のみで他の一本は姿を見せない。夥しい流木の重なりがレールの水平よりは五、六尺も高く止まってゐる。
上流に向って渓流を眺めるとたゞ砂と石と、流木との外何もない。石も石と云はんよりは岩である。このやうな大きな岩が果して上の山にあったらうかと思はれる。
山桜や山楓が水ゝ倒されながら水浸りとなったまゝ、青葉を着けてゐるが、何しろ猛夏の際とて移植も出来ず、みすみす見殺しを如何

とも出来ない。

その上に移植するにも土と云ふものが皆無となってしまって只、あるものは小石と、砂ばかりで渓流添ひには一握りの土さへもない。

入口附近の周弐尺から二尺五寸に及ぶ山楓は、うす暗くさへなって二年も前から山腹に移植しようと死んだⅠと話しながら果さぬ内にとうとう全部流失してしまった。

箕面で買って貨車を借切って一本を運ぶのに六人かゝった巨木だのに、しかも基(が)か十年も綞(かか)って年に豆粕を施して生長した木であるのに、一本も残らずなくなった。山桜も、吉野杉も、數多い、一行寺楓も、野村楓も、何もかもなくなった。

年毎に種々の人が植えて呉れた記念樹の桜も其殆(ほとん)ど全部が渓流沿ひに植えてあったことゝて全滅。

隔水亭前の広場の半ばは十七号自生の山桜と共に残ってゐるが、亭は流失。常願瀧は両側の風致木を押流されて、前にあった木も全部なくなって、形は甚しく卑しくなってしまった。

大阪倶楽部あたりで皐月ヶ丘と倉庫、物置等が多分流失したらうなどゝからかはれるので無事だとの報告は受けてゐたが、一脈の不安があったが菊の水を始めこれからの石段、それから皐月ヶ丘一体に亘って何の異状もなし、只皐月ヶ丘の背部に土砂崩壊がある計りであるのに、ほっとした。

Ａ君珍らしく元気に登る。

溜池は形も止めず、醍醐の瀧への石段流失。

書けば限りがないが、要するに山のずれは四五ヶ所はあるが其外は無事、渓流一帯の通路殆ど全滅、風致は全く跡方もなく破壊され盡した。

しかし場所によっては岩も流れも雄大になってよくなった處もないではない。

ともかく一度や二度では全体が分らない、落付いて對策を講することゝする。たゞ椿の水の水槽は無事だが鉄管約弐拾四間強渓流沿、溜池上までの分が飛(ば)されてしまってゐるのは何としてもつらい。

以上が記述内容です。笹部は行く前に、武田尾在住の亦楽山荘の管理委託者から山荘の被害概要を知らされていたと推察されますが、自分の目で一刻も速く確かめたかったはずです。ちなみに土木屋のM氏の家は、1945年の阿久根台風で流出しました。笹部は山荘内を隈なく調査し、被害状況を把握したのです。

　上記の史料には、笹部が命名した第一果樹畠の里・常願瀧・皐月ヶ丘・菊の水・醍醐の瀧・椿の水などが出てきます。別の箇所にはこんにちも用いられている満月瀧や霞瀧が出てきます。笹部時代の亦楽山荘のオリジナル地名と、戦後に命名された新地名を区別併記した地図を作りたいものです。

（3）阿久根台風被害

　昭和20年台風第20号は鹿児島県出水郡阿久根町（現、阿久根市）に10月10日上陸したため、通称阿久根台風と呼ばれています。死者行方不明者は451人とされていますが、終戦間もない頃の惨事であったため詳細は明確になっていません。

　武田尾の被害を記した『亦楽山荘記録』は、貴重な証言です。笹部新太郎は戦争が終わると、山荘に疎開していたサクラ関係資料を食糧と共に、自宅に持ち帰る作業を続けました。阿久根台風の被害に衝撃を受け、襲来前の昭和20年10月7日の記録に、次のような

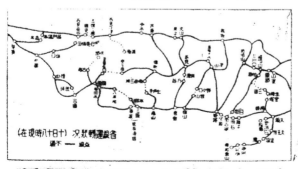

大阪毎日新聞（昭和20年10月11日）

八日來の豪雨によって、（略）橋梁、路線などの破壊が甚大なため復旧も進捗せず福知山線の如きは二つの鉄橋の流失で一、二ヶ月ではとても復旧おぼつかない。

追記をしています。引用されている『大阪毎日新聞』と『大阪朝日新聞』の記事内容については、本稿で後述します。下記史料の人名はアルファベット表記にし、こんにちでは不適切な表記がありますが、史料ゆえ原文のままとします。追記の前の3行は省略しました。

「宝塚、生瀬間の福知山線：第一鉄橋流失現場の惨状（9日午後3時写）」（大阪毎日新聞：昭和20年10月10日）

①昭和二十年十月七日（日曜日、曇后雨、涼）
追記―大水害、福知山線不通復旧見込不明
連日の豪雨は実に五十五年、もしくは六十年来未曾有と稱せら

現在の「第一武庫川橋梁」

れ、またまた水禍を案じてゐたのであったが果然、十月十日の新聞は西日本各地の鉄道大半の不通を報じ就中。福知山線は武庫川の宝塚―生瀬の鉄橋流失、武庫川に架ってゐる鉄筋コンクリートの橋など大体流失。阪急、阪神のコンクリートの橋もそれぞれ破損と報じ毎日新聞には宝塚―生瀬の第二鉄橋流失の寫眞まで出てゐる。
一年中唯一度の収穫季節、しかもこの國を挙げての食糧難で各人著しく飢餓に直面してをる時に折も折、やっと戦争が終って空襲を免れたと思ったらまたしても、この水禍で折角の松茸も栗も柿も南京も諸類も一切持て帰れず、桜の文献もまだ相当殘ってゐる。
風害に續いてこの水禍、そしてその後ラジオ放送も新聞記事も鉄道の復旧時季は一切云はず、たゞ僅かに毎日新聞が二ヶ月を要すると書き、その後十月十九日の朝日新聞には十一月五日頃に復旧？として廣野からの踏査記事を特種として大きく扱ひ武田尾―生瀬の鉄道の破壊状態の寫眞を掲げてゐる。

十月十五日、K.H.からまたまた山荘倉庫の盗難、N、Sに疎開してあった疎開の荷物水害して一部流失を報じた手紙が来る。
倉庫の錠前をぶち壊して大事に蔵ってあった馬鈴薯を盗んである外、何か盗まれてゐるのか分らぬ。ともかく、今後の指示を得度いから、ともかくも山へ来てほしいとある。
流失した荷物は全部三個の内二個だけは拾ひ上げて一個は全然流失、二個は目下乾してゐると書いてある。
本宅が空襲で焼失したと思へば亦

「武田尾〜生瀬間の不通箇所」（大阪朝日新聞：10月19日）

楽山荘の風、水害や盗難など云はゞ、些細なことではあるが、食物に困ってゐる際に苦心して残した食物を盗まれること、更らに倉庫を度々泥棒に破壊されることは思ひ難い腹立たしさを覚える。
たゞ幾分でも慰めとなるのは、山荘の境域内では入口に近くほんの少し山崩れがあるのみで、被害は殆どないとのことである。…（中略）…倉庫自体皐月ケ丘など、僕自身が造ったものが一切被害のないのはせめてもの喜びである。
十月廿日　K.H.山荘水禍後初めて来阪福知山線不通の詳報をもたらす。午前十時四十分頃来たのだが、僕の造幣局行の不在中だったので待ってゐたのに十一時に帰宅して会う。
松茸、栗、茄子、柿などゝ次から次へと盗まれる。…（中略）…
温泉橋は無事、もう一つ上流のコンクリートの橋は全然流失、マルキ旅館は半ば以上流失破損、橋本楼は全然流失、土木屋のMの家やこの近所の鮮人の家など流失。鉄道官舎、武田尾の部落の家屋は或は床上浸水或は家屋の傾斜、破壊を免れてゐるものは殆どないといふ。

山荘入口の鉄道の造った鉄柵にはウンと石が積重なってゐるが山、全体にほとんど被害なしといふ。

水害は道場、三田が最も甚しい。原因は道場の奥の水道の貯水池の水が溢れて田畑を流すことを怖れたのか、或は水道（神戸市の）の内規か、どちらかでその堰をきったのが先づ道場を襲ったのだといふ。武庫川本流の水嵩は大変なものでNの家も床上、一尺五寸も浸水したといふが山荘自体はそれほどでもなかったらしく、何としても椿の水の樋の一部が飛で水が止まったのみで、これぞといふ被害がないのは何よりのことで、倉庫でもくずれたとしたら盗難どころではない。近頃災は更らに災を呼んで風害、火難、盗難、水難とあまりに災厄が續くので諦め方も上手になってきたかもしれぬ。

・宝塚←→生瀬、徒歩連絡開始、水害後初めて登山
・第廿回桜文献持帰り（後略）〔以上２行は、次の②のトピックス〕
②昭和二十年十一月一日（木曜日、晴、並）

新聞はその後福知山線復旧のことに就て一切書かずラジオも沈黙だったので、何が何やら、さっぱり分らず、僅かに、戦後、何時に来るのか分からなくなった新聞が昨日の相当おそくなって配達されて来たのに、やっと宝塚—生瀬の間二キロ、五〇、徒歩連絡が十月卅一日から開始されたと書いてゐる。この頃の新聞のことだ、何を書くやら分らず、ラジオその他の公報はまるでない。二日でも餘裕を置いて行かうと気は焦ったが、今日行くことゝした。午前八時三十二分發の列車が出るものだと大阪駅へ行てみると、歩廊で待てども待てども汽車は入らず。時刻表が変ってゐて午前九時廿分まで待つ。

列車が寶塚駅に着いて、こゝから生瀬駅まで大勢の人が歩く。誰も彼もやたらに急ぐ。廿五分

仮設の橋：左は紅葉館（上流より撮影）『川邊郡誌』（1914年刊行）より

の行程だ。生瀬近くの墜落流失の第二鉄橋の復旧工事は民間の請負らしいのか電気で水の放出をやってゐる外、何もやってをらず、新聞に書いてゐる復旧が十一月一杯でできるなど、思ひもよらず、生瀬駅で汽車を待合す乗客も同じやうな見込薄を語

戦後に架橋したが、阿久根台風で流出。石積みの橋脚だけが残る。「人ひとりが通れるぐらいの橋だった」(車武談)

り合ふて先づ今年中の仕事だらうと話合ってみた。…（中略）…
さて生瀬駅に着いたが、何のことだ、連絡どころか十一時丗九分まで發車を待つ。
列車の窓から六號隧道を上って出た計りのところの砂防厚いコンクリート壁が根底から大きな穴があいて壊れてゐる外、武庫川左岸沿ひの石崖が線路ぎりぎりのところまで崩壊してゐる。
武田尾温泉橋の向側の武庫川右岸の間の道路はほとんど全壊、八號隧道－七號隧道の間の七號トンネルの駅寄りの地点、これも線路ぎりぎりまで護岸が壊れてゐる。
山荘は入口の鉄道の作った愚かな鉄柵にその頂点の高さまで石が流れて来て渓流の幅員が山荘開發当時以上に廣くなって、前回の大山津浪の後に鉄道の施した馬鹿げた砂防工事でウンと積上げた入口近くの小石の山か殆ど全部流れてしまって山荘本来の渓流らしい大きい石や岩が肌を出して来て、この大水のお蔭で鉄道のやった醜い工事の大体を抹消してくれた。
山荘全線を通じて洪水の被害は殆どないのは何よりの仕合せであると共に、前後二回に亘る未曾有の大水害に堪え得た山荘全体の安全性に対する確信を得た。…（中略）…帰りの生瀬→宝塚の徒歩連絡で重い荷物を運んだのでひどく疲れた。

　以上が阿久根台風に関わる記述です。濁流によって武田尾橋が流失しましたが、温泉橋は無事でした。流出した２軒の旅館が橋本樓

とマルキ旅館であったことが分かります。

　マルキ旅館は武庫川に注ぐ渓流の右岸側の建物－柿の木をはさんで南側に橋本樓が位置している－が流出したのでしょう。

　笹部は台風後、11月1日に、鉄道不通箇所の宝塚・生瀬間を徒歩連絡で、亦楽山荘を訪れています。山荘の倉庫が無事であったことに、胸をなでおろします。国鉄が造った山荘入り口付近の鉄柵に、入り口付近の山が少し崩れたため石が堆積していますが、山荘自体はそれほど被害がありませんでした。1938年の大水害の教訓が活かされたのでしょう。

　笹部が目にした『大阪毎日新聞』記事は2本あります。10月10日は、「宝塚、生瀬間の福知山線第一鉄橋流出現場の惨状（九日午後三時写）」の4段抜きの写真と、「第一武庫川鉄橋流出」の小さな記事です。10月11日は、「下り線殆どに不通個所　復旧遅々・二

建設中の現在の赤いトラスト桁吊橋（竣工2006年7月）

現武田尾橋の8m下流に建設。2004年の台風23号で流出

月かかる福知山線」の記事で、「福知山線の如きは二つの鉄橋の流出で一、二ヶ月ではとても復旧おぼつかない」と報道しています。

　また、『大阪朝日新聞』10月19日の「鐵橋まで押し流す　全通は來月五日ごろ」と題する記事は、一條特派員による武庫川渓谷被害状況のルポルタージュです。本田特派員による、水禍で宙吊りになった武田尾・生瀬間の線路の写真も掲載されています。復旧工事のための蒸気機関車は1台しかなく、広野・道場間を2往復すると、給水のためいったん篠山まで北上しなければなりませんでした。被害の有様に加えて、道場駅長の生々しい体験談と復旧工事の様子が報告されています。

　被害状況の報告記事を一部紹介しましょう。

　「第十一隧道と第十隧道の間約三百米の川沿ひコンクリートの断崖が三丈の増水が退き際に凌って行ったため線路は枕木を奪はれ一ひねりひねられてゐた。…（中略）…武田尾駅と生瀬駅の間にも砂防のコンクリート固めの崖を水が突き破って線路をねぢまげてゐた。生瀬駅と宝塚駅間では武庫川鉄橋が完全に押流され頼りは二本の神戸水道管を通す鉄橋だけであるが、それとても生瀬側が三十米流されているため徒歩連絡の旅客は約十五米もある橋桁をよぢ登らねばならなかった。」

　笹部はこれらの記事を読み、一応の報告を受けているとはいえ、自分の目で確かめるまで心配でたまらなかったことでしょう。そして11月1日、意を決して山荘に向かったのです。まだ武庫川第一橋梁は復旧されてはいませんでしたが、すでに生瀬に向かう道路の橋は仮復旧していたのでしょう。水管橋の橋桁(はしげた)をよぢ登って渡ったとは記述していません。

　また、『大阪朝日新聞』（10月19日）に特ダネとして掲載された、護岸が崩壊して線路が宙吊りになっている写真は、笹部の記述と照合すると、六号隧道を出て亦楽山荘の麓に向かう地点と推察されます。笹部の実地見聞記録と新聞のルポルタージュ記事、元湯旅館館主が撮影した写真は、水害の実相を後世に伝える貴重な史料です。

（1）阪鶴鉄道唱歌1

『阪鶴鉄道唱歌』（P59）にピアノ伴奏をつけた楽譜（1）

（2）阪鶴鉄道唱歌２

『阪鶴鉄道唱歌』（P59）にピアノ伴奏をつけた楽譜（2）

（3）合唱組曲「武庫川」

武庫川 作詞 南垣秀樹

春 迎（むか）える嵐の うららかに
返る鉄橋 谷を縫（ぬ）う
マキノ瀬見下ろす 桃の園は
そこのみ一色（ひといろ） 春の色

夏 高座（こうざ）の岩の 川上に
緑の流れ 岩を食（は）む
上下（かみしも）重ねる 潺滝（みそたき）奇奇
里人・飛鮎（とびあゆ）及ぶ春

秋 崖下（がいか）を越えて 小暑 はや暮れて
紅葉の帰り 足を急（せ）く
武田尾温泉 古壱の語り
波間に沈んだ 十次郎

冬 返（わたり）を越えて ユラユラと
河口に休む ユリカモメ
羽束（はつか）・有馬に 逆瀬や仁川
集めて注ぐ 茅渟（ちぬ）の海

武庫の山並み 武庫の川
いにしえ人の 名付けし推
その景色

この歌の作詞は「21世紀の武庫川を考える会」元事務局長の南垣秀樹、作曲はさくらんぼ合唱団の福田和郎。私たちの運動の中で生まれた歌です。

千苅ダムに沈んだ村の絵

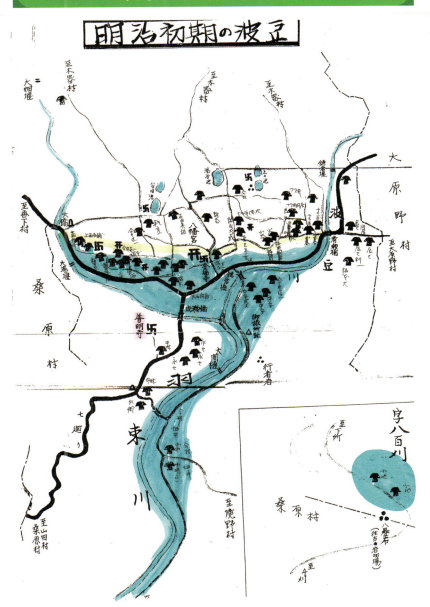

古老の話をもとに湯浅徹雄(普明寺住職)作成
※ 水色の場所が水没。

金福寺想像図（湯浅徹雄画、波豆八幡神社の下にあった）

波豆八幡神社の下に真言宗のお寺である金福寺がありました。鳥居の前は旧石田家の土蔵です。鳥居は石段の上に移設され、千苅貯水池に面しています。しかし、石段から下は水没しました。

現在、管理センターの下に石標や五輪塔などを集めて祀っているものが金福寺にあったものだそうです。（湯浅氏の父などの話による）。波豆の石造文化財（兵庫県）に指定されています。

＊湯浅徹雄の談話による。

参考文献

書籍

著者	書名	出版社	発行日
水上　勉	櫻守	新潮社（文庫）	1976.4.30
水上　勉	草隠れ：名塩川	構想社	1982.11.25
笹部新太郎	櫻男行状　新訂増補版	双流社	1991.2.20
有川　浩	阪急電車	幻冬舎	2008.1.25
辻本清蔵	摂北温泉誌	大阪活版印刷所	1915.1.1
上山正夫	名塩雑事記	名塩探史会	2013.12
摂丹子	阪鶴鉄道唱歌	摂津三田安田徳潤堂	1902.11.30
吉井良尚	武庫の川千鳥	谷口印刷所	1921.7.21
逓信省鉄道局	鉄道局年報	逓信省鉄道局	1899.9.28
鉄道局（庁）	明治期鉄道史資料　第二・五・八巻	年報：明治36年　日本経済評論社	1980.10.20
日本国有鉄道	日本国有鉄道百年史	日本国有鉄道	1972.3.25
日本国有鉄道	日本国有鉄道百年　写真史	日本国有鉄道	1972.10
森本規六	西部鉄道管理局線　名所図会	濱田日報社	1911.6.5
	福知山鉄道管理局史	福知山鉄道管理局	1972.12.1
神戸新聞総合出版センター	ひょうご懐かしの鉄道廃線ノスタルジー	神戸新聞総合出版センター	2005.12.9
原田勝正	明治鉄道物語	講談社学術文庫	2010.8.10
老川慶喜	明治期地方鉄道史研究	日本経済評論社	1983.11.20
沢　和哉	日本の鉄道120年の話	築地書館	1993.7.10
久保田博	日本の鉄道史セミナー	グランプリ出版	2005.5.18
小野田滋	鉄道と煉瓦その歴史とデザイン	鹿島出版会	2004.8.25
浅野明彦	鉄道考古学を歩く	JTB	1998.2.12
森田敏生	川西鉄道小史　国鉄・能勢電・阪急とまちの回顧録	けやき出版	2014.9.1
博学こだわり倶楽部	懐かしの鉄道遺産を楽しむ方法	河出書房新社	2012.7.1
石戸信也	むかしの六甲・有馬	神戸新聞総合出版センター	2011.7.8
山田恭幹	西宮市の昭和	樹林舎	2015.4.28
新人物往来社編	日本陸軍歩兵連隊	新人物往来社	1991.8.10

田中利美	武庫川紀行	神戸新聞総合出版センター	2010.11.25
武庫川づくりと流域連携を進める会〔編著〕	武庫川・かわまちガイドブック 武庫川・まちなみ探訪	三帆社	2011.1.20
鄭鴻永	歌劇の街のもうひとつの歴史 宝塚と朝鮮人	神戸学生センター出版部	1997.1.25
奥谷松治	聞き書 丹波の庶民史	平凡社	1977.6.24
	兵庫を築く	兵庫県建設業協会	2013.5.31
田中眞吾	六甲山の地理	神戸新聞出版センター	1988.7.10
豊田高司〔編〕	にっぽんダム物語	山海堂	2006.7.29
竹内正浩	鉄道と日本軍	ちくま新書	2010.9.10
エコグループ・武庫川	母なる川 武庫川を知ろう 武庫川渓谷ハイキング		2004.7
	ふるさと西宮	郷土出版社	2015.5.20
	山あいの村に生きる	西谷地区まちづくり協議会	2001.4.30
西村忠孜	北摂続羽束の郷土史誌	六甲タイムス社	2000.4.10
読売新聞文化部	唱歌・童謡ものがたり	岩波書店	1999.9.24
上杉剛嗣	日本鉄道旅行歴史地図帳 近畿	新潮社ムック	2010.12.18
	櫻つれづれ	白鹿記念酒造博物館	2013.3.1
山田義雄	愛とパスタに生きる	三帆舎	2014.9.21
兵庫県監修、田中眞吾・中島和一〔編〕	RED DATA ひょうごの地形・地質・自然景観	神戸新聞総合出版センター	1998
前田保夫	伊丹の自然史（伊丹の自然第1巻）	伊丹市博物館	1992
吉田久明	激しい火成活動・流紋岩と花こう岩（新修神戸市史第1巻第3章）	神戸市	1988
加藤茂弘	武庫川の不思議な地形と地質（武庫川散歩、人と自然特別号）	人と自然の博物館	
尾崎政紀・松浦浩久	三田地域の地質（地域地質研究報告）	地質調査所	1988
鵜本格・前田保夫	「神戸の地層を読む2」（神戸の自然17）	神戸市教育研究所	1989
藤田和夫　他	西宮地方の地質と構造（西宮市史第1巻第3章）	西宮市	1959

市史

著者	書名	発行者	発行日
西宮市（監修八木哲浩）	名塩史	西宮市名塩財産区	1990.11.30
有馬郡誌編纂管理者	有馬郡誌（上）（下）	中央印刷K.K	1929.9.10
	川邊郡誌	川邊郡誌編纂会	1973.9.15
宝塚市史編集専門委員	宝塚市史	宝塚市	1977.3.31
宝塚市史資料担当	市史研究紀要第18号	宝塚市教育委員会	2001.11
武藤誠・有坂隆道	西宮市史	西宮市役所	1967.3.20
松岡考彰	生瀬の歴史		1957.5.1
伊丹市史編纂専門委員会	伊丹市史（第三巻）	伊丹市	1972.3.31
川西市史編集専門委員会	かわにし	兵庫県川西市	1980.9.1
山口町徳風会	山口町史	山口町徳風会	2010.7.30
道場町誌編集委員会	神戸市北区道場町誌	道場町連合自治会	2004.3.31

論文集

発行者	論文名	発行日
ＪＲ西：大阪構造物検査センター 小野田滋 他	第9回日本土木史研究発表会論文集「わが国における鉄道トンネルの沿革と現状（第2報）―旧・京都鉄道、旧・阪鶴鉄道をめぐって―」	1989.6
荒木弘裕 他	レンガ積み覆工トンネルの変状特性と検査の着眼点　土木学会第56回年次学術講演会	2001.10
神戸鉄道局	大正10年度年報	
田中　敦	「阪鶴鉄道唱歌」について 尼崎郷土史研究会『みちしるべ25号』	1997.3
宝塚市	市史研究紀要『たからづか　第18号』	2001.11
宝塚医療生活協同組合	宝塚革新風土記	2012.3
兵庫県土木部河川課	兵庫の河川事業　50年のあゆみ	1991.3
ダム問題研究会	ダムのいらない総合的治水をめざす 武庫川渓谷の保全とダム問題	記載なし
武庫川流域委員会	武庫川の総合治水へむけて　提言書	2006.8.30
つづき研二	武庫川水系河川整備基本方針の問題点 先に武庫川ダムありき―の県の方針について	2007.11
櫻守の会	10年の歩み　1999～2009	2009.11.27

リーフレット

発行所	タイトル	発行日
櫻守の会	武田尾　桜の園　亦楽山荘	記載なし
21世紀の武庫川を考える会	武庫川渓谷廃線跡ハイキング道案内	2015
武庫川を愛する会	武庫川の自然を守ろう	記載なし
中芸地区森林鉄道遺産を保存・活用する会	魚梁瀬森林鉄道	記載なし
淡路屋	淡路屋会社案内	記載なし
西宮市立郷土資料館	道・旅・宿場	1988.8.6

新聞・資料、その他

資料名	発行日
力武常次、竹田厚監修『日本の自然災害』国会資料編纂会	1998.4.5
鵜尾義憲〔編〕『従軍日誌　鵜尾平五郎』	2008
旧武田尾駅構内「沿線見取図」	記載なし
駅勢鑑（明治43年6月西管達第1260号）福知山線　武田尾駅	記載なし
神戸又新日報（夕刊）	1929.3.28
神戸新聞（夕刊）	1929.3.28
神戸新聞	1939.1.30
大阪毎日新聞	1945.10.10・11
大阪朝日新聞	1945.10.19
朝日新聞：聞蔵　ビジュアル	2005.10.16
西宮市地域防災計画　資料編　　　西宮市防災会議	2016.4
明治8年改正地券（摂津国有馬郡名塩村3821番字武田尾）	1875
広田尚敬（監修）『ロストレールウエイの旅　西日本編　福知山線旧線・土讃線旧線・井笠鉄道（文春トラベルビデオ）』文芸春秋	1998.12

名塩の紙漉き

終わりに〜先人たちをこえて

1999年12月に設立された「21世紀の武庫川を考える会」の初代代表は、2016年10月に亡くなられた奥川和三郎さんでした。会が当初から掲げた「ダムに頼らない総合治水」が、兵庫県の武庫川づくりの基本方針となりました。

奥川さんに替わって代表になった安留紘一さんは2015年10月に亡くなられました。安留さんはダムサイトでダム計画の図面を広げ、掲げてハイカーに示していた姿を思い出します。彼らの活動の執念が、県の政策を武庫川ダムから総合治水に移行させた原動力でありました。

旧、福知山線廃線跡ハイキング道の一般開放は武庫川渓谷の自然と景観を愛した二人の願いであり、「ダムに頼らない武庫川の総合治水」へさらに一歩進めることになりました。このガイドブックを奥川和三郎さんと安留紘一さんに捧げます。

武庫川の渓流で遊ぶ（武田尾温泉前）

【著者紹介】

小川嘉憲（おがわ　よしのり）．．．．．．．．．．．．．．．．．．．．．．はじめに・第5章
21世紀の武庫川を考える会代表、環境教育ラボ・スマイル☆アース代表、元大阪教育大学教育学科非常勤講師、コープこうべ環境学習講師。著者に『優しい学校はいかが？』（文芸社）、『働くことを学ぶ』（共著、明石書店）など。

桐藤直人（きりふじ　なおと）．．．．．．．．．．．．．．．．．．．．第1・2章・資料編
21世紀の武庫川を考える会編集部、兵庫歴史教育者協議会副会長、元甲南女子大学総合子ども学科非常勤講師。著書に『兵庫の平和史跡ガイド』（共著、日本機関紙出版センター）など。

山内英正（やまうち　ひでまさ）．．．．．．．．．．．．．．．．．第3章・資料編
犬養万葉記念館に協力する会代表、白鹿記念酒造博物館評議員、兵庫歴史教育者協議会会長。著書に『万葉　こころの風景』、『犬養孝揮毫の万葉歌碑探訪』（共著、和泉書院）など。

蔀本　格（はしもと　いたる）．．．．．．．．．．．．．．．．．．．．．．．．第4章
神戸親和女子大学教授、科学教育研究協議会兵庫支部代表、かがく教育研究所所長。著書に『神戸の地層を読む』（神戸市教育研究所）など。

白川政昭（しらかわ　まさあき）．．．．．．．．．．．．．．．．．．．．．．終わりに
21世紀の武庫川を考える会事務局長。

原書表紙題字	坂西　美和子	
イラスト	樫村　道子	
写真・図	車　武	（元湯旅館主）
	湯浅　徹雄	（善明寺住職）

武庫川渓谷廃線跡ハイキングガイド

2017年5月20日　初版第1刷発行

編　者	21世紀の武庫川を考える会
発行者	坂手崇保
発行所	日本機関紙出版センター
	〒553-0006　大阪市福島区吉野3-2-35
	TEL 06-6465-1254　FAX 06-6465-1255
	http://kikanshi-book.com/　hon@nike.eonet.ne.jp
本文組版	Third
編集	丸尾忠義
印刷・製本	シナノパブリッシングプレス

Ⓒ 21世紀の武庫川を考える会 2017 Printed in Japan
ISBN978-4-88900-945-3

万が一、落丁、乱丁本がありましたら、小社あてにお送りください。
送料小社負担にてお取り替えいたします。